Heinrich Holland

Direktmarketing-Aktionen professionell planen

Heinrich Holland

Direktmarketing-Aktionen professionell planen

Von der Situationsanalyse
bis zur Erfolgskontrolle

GABLER

Die Deutsche Bibliothek – CIP-Einheitsaufnahme
Ein Titeldatensatz für diese Publikation ist bei
Der Deutschen Bibliothek erhältlich.

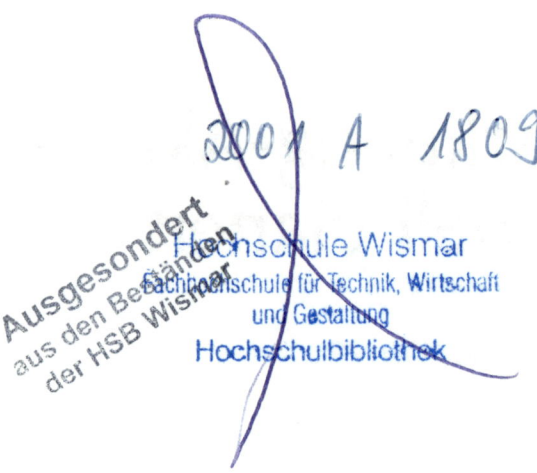

1. Auflage August 2001

Alle Rechte vorbehalten
© Betriebswirtschaftlicher Verlag Dr. Th. Gabler GmbH, Wiesbaden 2001

Lektorat: Ulrike M. Vetter / Susanne Kramer

Der Gabler Verlag ist ein Unternehmen der Fachverlagsgruppe BertelsmannSpringer.

gabler@bertelsmann.de
www.gabler.de

Gedruckt auf säurefreiem und chlorfrei gebleichtem Papier.

Umschlaggestaltung: Nina Faber de.sign, Wiesbaden
Druck und buchbinderische Verarbeitung: Lengericher Handelsdruckerei, Lengerich
Printed in Germany

ISBN 3-409-11772-5

Vorwort

Das Direktmarketing hat in den letzten Jahren eine rasante Entwicklung erlebt. Nicht nur der Versandhandel mit seiner langen Tradition in der direkten Kundenansprache, sondern nahezu alle Branchen haben diese moderne Form des Marketing übernommen. Handelsunternehmen, Finanzdienstleister wie Banken und Versicherer, Markenartikelhersteller und Industrieunternehmen haben nach positiven Erfahrungen immer größere Anteile ihres Marketingetats in das Direktmarketing geleitet. Auch für zahlreiche mittelständische Unternehmen ist diese direkte Form der Kundenansprache unverzichtbar geworden.

Die praktische Umsetzung von Direktmarketing-Aktionen lässt allerdings häufig noch die notwendige Professionalität vermissen. Zu viele Mailing-Aktionen werden als „Schnellschuss" oder „Feuerwehrmaßnahme" eingesetzt. Die mangelnde Planung und Koordination solcher Maßnahmen führt häufig zu Problemen und Fehlern in der Umsetzung.

Dieses Buch stellt einen Planungsprozess für die Realisation von Direktmarketing-Aktionen vor, der eine professionelle Umsetzung ermöglichen soll. Bei Beachtung der einzelnen Stufen des Planungsschemas lassen sich Erfolgswirkung steigern und Koordinationsfehler vermeiden.

Teil A dieses Buches gibt einen grundsätzlichen Überblick über die Notwendigkeit der koordinierten und integrierten Planung von Direktmarketing-Aktionen.

In Teil B wird ein kompletter Planungsprozess beschrieben und anhand von Übersichten und Checklisten erläutert.

Teil C zeigt die Umsetzung dieses Planungsprozesses an einem erfolgreichen Beispiel aus dem Versandhandel. Hier wird die Aktion des Schwab Versand zur Reaktivierung von Kunden erörtert. Bei der praktischen Umsetzung des Planungsschemas bilden jeweils andere Schritte einen Schwerpunkt, eine spezifische Anpassung des Prozesses an die jeweilige Problemstellung muss erfolgen. Die Schwerpunkte bei der Beschreibung der Aktion für Schwab liegen auf den Themen „Zielgruppenselektion" und „Mailinggestaltung".

In Teil D wird schließlich eine Mailing-Aktion zur Interessentengewinnung für eine Probefahrt am Beispiel der Audi AG aufgezeigt. Bei diesem Fall werden die Schwerpunkte auf die Themen „Kundenbindung", „kooperative Aktion" und „Einbeziehung externer Spezialisten" gelegt.

Für die Erarbeitung der beiden praktischen Fallstudien danke ich den beiden Diplom-Betriebswirtinnen Frau Patrizia D`Agnelli und Frau Claudia Germann, die sich in ihren Diplomarbeiten mit dieser Themenstellung auseinander gesetzt haben.

Weiterhin danke ich Herrn Diplom-Kaufmann Franz-Josef Brand, Geschäftsführer der Agentur B.T.M. Trade Marketing, dafür, dass er die Informationen zu seiner Aktion, die er für die Audi AG realisiert hat, für dieses Buch zur Verfügung stellte.

Mainz, im Juni 2001   Prof. Dr. Heinrich Holland

Inhalt

A. Grundlagen der Planung im Direktmarketing

1. Direktmarketing

Die geänderten Marktbedingungen bieten den Unternehmen einerseits *neue Chancen* und Möglichkeiten, wie die Ausweitung der Märkte durch die Globalisierung und durch neue Kommunikationstechniken, stellt sie aber andererseits auch vor *neue Probleme*. Diese bestehen beispielsweise in dem allgemeinen Überangebot, wobei die Angebote bezüglich Preis und Qualität immer homogener werden, die Produkte verschiedener Anbieter sind somit weitgehend austauschbar.

Die Endverbraucher verhalten sich durch den Wandel vom Verkäufer- zum Käufermarkt als sogenannte *„hybride Konsumenten"* zunehmend kritischer, aufgeklärter, flexibler und nicht zuletzt unberechenbarer; es wird immer schwieriger, diese durch das Marketinginstrumentarium zu erreichen.

Es stellt sich die Frage, ob die bisher vorgenommene *Massenansprache* der potenziellen Kunden mit der „Gießkannenmethode" der herkömmlichen Massenmedien weiterhin der Schlüssel zum Erfolg ist, denn deren Einsatz führt zu einer zunehmenden Informations- und Reizüberflutung auf Seiten der Verbraucher.

Werbebotschaften müssen gezielt auf die spezifischen Interessen eines jeden einzelnen Konsumenten ausgerichtet sein, um eine nachhaltige Wirkung zu erzielen. Eine große Bedeutung kommt in diesem Zusammenhang den personalisierten und adressierten Werbemitteln des *Direktmarketing* zu, die einen direkten Dialog mit dem Kunden oder Interessenten führen (vgl. Holland, Heeg, 1998, S. 18).

Die Entwicklung des Direktmarketing begann mit dem Postversandgeschäft (*Direct-Mail*), wobei Direct-Mail einen Distributionskanal beispielsweise der Versandhändler darstellte, die die Pioniere des Direktmarketing waren. Neben dem Einkauf in Stationärgeschäften bot man den weiter entfernt wohnenden Kunden die Möglichkeit, auf schriftlichen Wegen (über Mailings oder Kataloge) zu kaufen.

Aus diesem Direct-Mail hat sich über die *Direktwerbung* schließlich das Direktmarketing entwickelt. Die Direktwerbung stellt dabei einen Bestandteil des Direktmarketing dar; die Inhalte des Direktmarketing haben sich im Laufe der Zeit durch neue Aufgaben stetig erweitert. Unter Direktmarketing versteht man alle Marketing-Aktivitäten, die auf eine gezielte Ansprache der Zielpersonen und eine Response ausgerichtet sind.

Direktmarketing umfasst

- Marketingaktivitäten mit einer gezielten, direkten Ansprache der Zielpersonen und

- Marketingaktivitäten, die mit mehrstufiger Kommunikation den direkten Kontakt herstellen wollen, und hat

- das Ziel, eine messbare Reaktion (eine Response) auszulösen.

Abbildung 1: Definition des Direktmarketing

Mit dieser in Abbildung 1 genannten Definition lassen sich neben dem Werbebrief (Mailing) und dem Telefonmarketing auch weitere *Medien* zum Direktmarketing zählen, wie beispielsweise die Response-Anzeige, die Response-Beilage, das Direct-Response-Television (DRTV) und die interaktiven Dienste, wenn diese das Ziel verfolgen, einen Kontakt herzustellen.

Das entscheidende Merkmal des Direktmarketing ist die direkte und individuell gezielte Ansprache einer Zielgruppe, die bei einer Aktion realisiert oder zumindest für eine spätere Stufe des Kontaktes angestrebt wird. Diese direkte Ansprache führt zu einem „*Dialog*" mit der Zielperson und erlaubt eine genaue Erfolgskontrolle, da die Reaktionen auf eine Kampagne schon nach wenigen Tagen eintreten und den Aussendungen genau zugeordnet werden können.

Das *klassische Marketing* richtet sich an eine Zielgruppe. Diese lässt sich im Rahmen der Marktsegmentierung zwar selektieren, aber diese Selektion geht nicht so weit, dass jeder Empfänger der Werbebotschaft identifiziert werden kann. Die Zielpersonen werden zwar *selektiert* jedoch nicht individuell *identifiziert*. Sie werden durch Massenmedien angesprochen, wobei zum Teil große Streuverluste in Kauf genommen werden.

Dagegen ist die Botschaft des *Direktmarketing* an einzelne, individuell bekannte Zielpersonen gerichtet; oder der Aufbau einer solchen individuellen Beziehung zwischen dem Absender und dem Empfänger der Botschaft wird für eine spätere Stufe angestrebt. Aufgrund der interaktiven Kommunikation spricht man beim Direktmarketing auch vom *Dialogmarketing*.

Die *Bedeutung* des Direktmarketing hat in Deutschland in den letzten Jahren sehr stark zugenommen. Nach Angaben des Deutschen Direktmarketing Verbandes (DDV) haben sich die Aufwendungen für das Direktmarketing von 1988 bis 1998 fast verdreifacht und sind von 12,8 Mrd. DM auf 36,0 Mrd. DM gestiegen. Nach den Prognosen ist der Boom für das Direktmarketing ungebrochen: Für das Jahr 2010 werden bereits Ausgaben von über 59 Mrd. DM vorhergesagt.

2. Vorteile des Direktmarketing

Die vielfältigen *Vorteile* des Direktmarketing, die für das rasante Wachstum der letzten Jahre verantwortlich zeichnen, sind in der Abbildung 2 zusammen gestellt (Holland, 2000 a, S. 210).

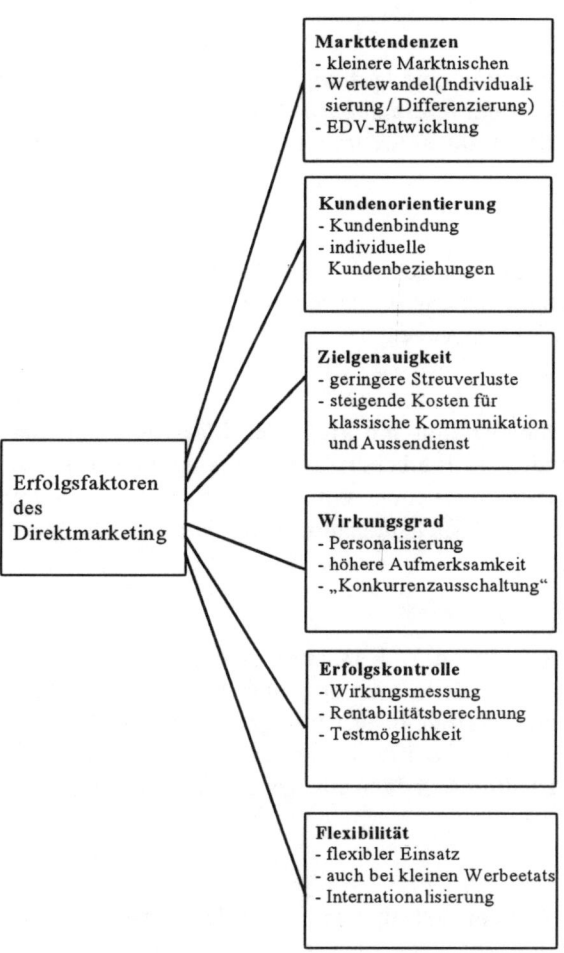

Abbildung 2: Vorteile des Direktmarketing
           Quelle: Holland, 2000 a, S. 210

Markttendenzen

Durch den Wertewandel in der Gesellschaft hat sich eine zunehmende *Individualisierung* und *Differenzierung* ergeben. Der Trend zur Individualisierung hat unter anderem zu den wachsenden Sortimenten geführt, die den Konsumenten angeboten werden. Wegen der immer kleiner werdenden Marktnischen ist die Zielgruppenansprache durch klassische Marketinginstrumente mit immer größeren Streuverlusten verbunden, sodass immer mehr Unternehmen das Direktmarketing nutzen.

EDV-Entwicklung

Das Direktmarketing benötigt eine leistungsfähige EDV-Ausstattung und profitiert von der rasanten Entwicklung der *Informationstechnologie*. Informationen können beispielsweise im Rahmen des Database-Marketing immer schneller und kostengünstiger verarbeitet werden.

Kundenorientierung

Durch den Aufbau eines Dialoges mit dem Kunden bietet das Direktmarketing die Möglichkeit, die *Bindung* zwischen Unternehmen und Kunden zu stärken und damit die Kundenorientierung zu intensivieren.

Zielgenauigkeit

Die Kosten der Kommunikation mit Hilfe der Massenmedien und die Kosten des Einsatzes von Außendienst-Mitarbeitern sind stark gestiegenen und haben zu einer Substitution durch Direktmarketing mit *minimierten Streuverlusten* geführt. Das Massenmarketing mit seiner „Gießkannenmethode" wird abgelöst durch ein individuelles Marketing.

Höherer Wirkungsgrad

Durch die gezielte und individuelle Kundenansprache weist das Direktmarketing einen höheren Wirkungsgrad auf. Beim Empfang eines Mailings kann beim Empfänger mit einer *höheren Aufmerksamkeit* gerechnet werden. Beim Kontakt mit einem Werbebrief werden störende Konkurrenzeinflüsse ausgeschaltet, der Leser wird persönlich angesprochen und beschäftigt sich dann eine gewisse Zeit lang ausschließlich mit diesem Werbemittel.

Erfolgskontrolle

Ein Hauptvorteil des Direktmarketing liegt in der schnellen und eindeutigen *Messbarkeit* des Erfolges einer Aktion, der schon nach kurzer Zeit zu bewerten ist. Diese Messbarkeit mit der eindeutigen Zuordnungsmöglichkeit von Kosten und Erträgen erlaubt eine genaue Rentabilitätsberechnung und die Durchführung von Tests zur Optimierung der Werbeansprache.

Flexibilität

Der Einsatz des Direktmarketing lässt sich sehr flexibel und kurzfristig variabel planen. Direktmarketing ist auch bei *kleinen Werbeetats* möglich und damit auch für mittelständische Unternehmen gut geeignet. Der Verkauf per Direktmarketing über Kataloge, Prospekte oder andere Werbemittel ist zudem der einfachste Weg bei einer Internationalisierungsstrategie.

3. Ziele des Direktmarketing

Die mit dem Direktmarketing verfolgten *Ziele* können vielfältiger Natur sein. Im Gegensatz zur klassischen Werbung, bei der die Positionierung der beworbenen Produkte im Mittelpunkt steht, ist das Hauptziel im Direktmarketing, einen individuellen Kontakt zum Zielkunden herzustellen und eine messbare, sichtbare *Reaktion* beim Umworbenen auszulösen. Diese Reaktion kann unter anderem durch Maßnahmen zur Neukunden- bzw. Interessentengewinnung, Kundenbindung sowie Kundenreaktivierung und -pflege hervorgerufen werden.

Die *Neukundengewinnung* eines Unternehmens kann auf verschiedenen Wegen erfolgen. Zum einen ist es möglich, eine Angebotswerbung in Form von Zeitschriftenbeilagen vorzunehmen oder Informationen direkt an angemietete Adressen zu versenden. Zum anderen können diese auch mittels Freundschaftswerbung oder durch mehrstufige Mailings gewonnen werden.

Bei der *einstufigen Neukundengewinnung* wird ein direkter Verkauf an eine klar definierte Zielgruppe durch Werbemittel wie Mailings oder Anzeigen angestrebt. Diese einstufige Maßnahme eignet sich besonders, wenn es sich nicht um erklärungsbedürftige Produkte handelt.

Die *mehrstufige Neukundengewinnung* findet hingegen über die Interessentengewinnung statt. Dabei werden durch den Einsatz von Kommunikations-Instrumenten, wie Response-Anzeigen, -Beilagen, Werbebriefen oder Response-Fernsehspots (DRTV = Direct Response Television) aus dem Gesamtmarkt zunächst Adressen von Interessenten generiert. Diese Medien bieten dem potenziellen Kunden nur wenige Informationen über das eigentliche Angebot, und der Umworbene hat bei Interesse die Möglichkeit, weitere Informationen anzufordern.

Der auf diese Weise gewonnene Interessent kann in einem zweiten Schritt gezielt angesprochen werden, um ihn zu einem Kauf zu bewegen und somit als *neuen Kunden* zu gewinnen. In diesem Zusammenhang ist es von besonderer Wichtigkeit, dass das Interesse so schnell wie möglich befriedigt wird, da gerade im heutigen Informationszeitalter ein schnelles Reagieren von Seiten des Unternehmens unumgänglich geworden ist.

Interessenten, die einen Katalog anfordern, warten ungeduldig und mit Spannung auf die Information. Diese Spannung nimmt allerdings schon nach wenigen Tagen wieder ab mit der Folge, dass auch die Bestellmotivation des potenziellen Kunden sinkt, wenn die Zusendung des Kataloges zu lange auf sich warten lässt. Die *Auslieferungszeit* sollte deshalb nicht länger als fünf bis sieben Tage in Anspruch nehmen (vgl. Kreutzer, 1999, S. 9 f.).

Nachdem ein Unternehmen einen neuen Kunden akquiriert hat, muss es darum bemüht sein, eine intensive und langfristige *Bindung* zu diesem Kunden aufzubauen, denn es ist wesentlich teurer, einen Neukunden zu gewinnen, als einen Stammkunden zu pflegen und zu halten. Dies kann im Direktmarketing nur durch eine permanente Pflege der relevanten Kundendaten in einer hierfür vorgesehenen Datenbank erreicht werden.

Für die Aufrechterhaltung der Kundenbeziehung werden in der Praxis zunehmend Kundenkontakt- oder *Bonusprogramme* für besonders treue Kunden sowie Kundenclubs eingeführt. Auf diese Weise werden dem Kunden Vorteile gewährt, die über den primären Produktnutzen hinausgehen (vgl. Holland, Heeg, 1998, S. 24).

Das Abwandern eines Kunden wird von den Unternehmen in vielen Fällen zu spät erkannt. Um dies zu verhindern, sollte man versuchen, ehemalige Kunden, die seit einer bestimmten Zeit nichts mehr bestellt haben, so früh wie möglich zu *reaktivieren*. Hierbei wird angestrebt, den Kunden mit speziellen Angeboten zu umwerben, um einen endgültigen Kontaktabbruch mit dem Unternehmen zu verhindern.

Dieses Ziel verfolgte der *Schwab Versand* im Rahmen der in diesem Buch dargestellten Direktmarketingaktion.

4. Planung im Direktmarketing

Als einer der Vorteile des Direktmarketing gilt die *Flexibilität*, mit der sich seine Instrumente einsetzen lassen. Dieser Vorteil der Flexibilität führt aber auf der anderen Seite dazu, dass zahlreiche Direktmarketing-Aktionen in der Praxis als „Feuerwehr-Maßnahmen" missbraucht werden, um kurzfristig Fehler auszugleichen und in Gefahr geratene Zielsetzungen „doch noch zu retten". Häufig ist es gerade bei solchen „*Schnellschüssen*" zu beobachten, dass die Maßnahmen nur unzureichend abgestimmt, nicht sorgfältig geplant und damit auch nicht optimal ausgeführt werden, sodass der gewünschte Erfolg ausbleibt.

Dieses Buch stellt ein Schema zur *systematischen Planung* von Direktmarketing-Aktionen vor. Die Vorgehensweise nach dem in diesem Buch erarbeiteten Planungsschema gewährleistet die Abstimmung mit den übrigen, klassischen Marketing-Instrumenten im Rahmen eines „*Integrierten Marketing*" und „Integrierten Direktmarketing" und dient der Erreichung von Synergieeffekten. Das Schema hilft bei der Vermeidung schwerwiegender Planungsfehler, die die Erreichung der Ziele verhindern.

Das Planungsschema bezieht das *Follow-up* in die Planung ein, damit die beispielsweise durch ein Mailing gewonnenen Kunden oder Interessenten nicht durch zu späte oder qualitativ stark abfallende Antworten verärgert werden.

In der Praxis ist es immer wieder zu beobachten, dass der ersten Stufe einer *mehrstufigen Direktmarketing-Aktion* große Aufmerksamkeit geschenkt wird, die weiteren Stufen aber stiefmütterlich behandelt werden, wie die folgenden Beispiele zeigen.

Interessenten, die auf Mailings mit dem Ziel der Interessentengewinnung antworten und Kataloge oder Informationen anfordern, erhalten oftmals erst *nach mehreren Wochen* ihren Katalog oder auch überhaupt nicht. Immer wieder erlebt man es, dass Interessenten über das Internet Informationen oder Angebote angefordert haben und unverhältnismäßig lang auf eine Antwort warten mussten.

Eine Studie, die die Unternehmensgruppe Wiesbaden bei *Call Centern* der Automobil-industrie durchführte, zeigte erschreckende Ergebnisse. 720 Testanrufe, in denen ein starkes Interesse an einem bestimmten Automobilmodell und eine konkrete Kaufabsicht in den nächsten zwei Monaten geäußert wurde, führten zu folgenden Reaktionen:

- 13 Prozent der Automobilanbieter reagierten nicht.

- 78 Prozent versandten der gewünschten Prospekt, zeigten danach aber kein weiteres aktives Interesse an dem potenziellen Kunden.

- nur 9 Prozent betreuten den Interessenten weiter, indem sie nachfassten, die Adresse an den zuständigen Händler weitergaben oder zu einer Probefahrt einluden.

Untersuchungen der Versender beweisen, dass die *Umwandlungsquote* – der Anteil der Kataloganforderer, die dann eine Bestellung aus diesem Katalog aufgeben – deutlich sinkt, wenn der Katalogversand zu lange auf sich warten lässt. Und gerade die Nutzer von Online-Diensten erwarten eine sehr *schnelle Antwort* auf eine Anfrage per E-Mail, die sich in Stunden statt in Tagen bemisst.

Auch Mailings zur Interessentengewinnung eines Versicherungsunternehmens verlieren ihre Wirkung, wenn der als Dank für das Interesse versprochene Taschenrechner erst nach zwei oder *drei Monaten* eintrifft, oder wenn eine Telefonnummer für Interessenten angegeben wird, der Ansprechpartner aber nicht von dieser Aktion informiert wurde.

Die einzelnen Tätigkeiten innerhalb des Unternehmens lassen sich durch eine sorgfältige Planung *aufeinander abstimmen*, wie sie im Folgenden beschrieben wird. Nur wenn alle beteiligten Abteilungen über die Ziele einer Direktmarketing-Maßnahme informiert sind, können sie an der Zielerreichung zweckgerichtet mitwirken. So ist es zu vermeiden, dass ein Kunde, der durch einen Werbebrief angeregt in Kontakt zu einem Unternehmen tritt, dort auf Unkenntnis trifft und sein Interesse schnell wieder verliert.

Die Nutzung des großen Vorteils, der in der *Kontrollierbarkeit* von Direktmarketing-Aktionen liegt, lässt sich nur durch eine entsprechende Planung realisieren. Durch die Planung werden Soll-Ziele aufgestellt, die dann mit Ist-Ergebnissen verglichen werden können.

Ein geflügeltes Wort der Betriebswirtschaftslehre drückt dies wie folgt aus:

„Planung ersetzt den Zufall durch den Irrtum. Aber aus Irrtum kann man lernen."

Ausgehend von der strategischen Unternehmensplanung und der daraus abgeleiteten Marketing-Planung ist die *Direktmarketing-Planung* zu entwickeln und in die Unternehmenspolitik einzubinden.

5. Integriertes Marketing und integrierte Kommunikation

Integriertes Marketing bedeutet die Eingliederung aller Marketing-Instrumente in das strategische Unternehmenskonzept. Dadurch sollen Synergieeffekte bei der Erreichung der Unternehmensziele erzeugt werden. Es umfasst die Koordination aller *Marketing-Mix-Instrumente* (Produkt- und Sortimentspolitik, Kontrahierungspolitik, Distributions-politik, Kommunikationspolitik) und deren strategische Ausrichtung auf globale Ausgangsziele (Gewinnmaximierung) bis hin zur Ableitung operativer Subziele (Kundenzufriedenheit), wodurch Synergieeffekte bei der Erreichung der Unternehmensziele angestrebt werden (vergleiche Abbildung 3).

Integriertes Marketing:

- Produkt- und Sortimentspolitik

- Kontrahierungspolitik

- Distributionspolitik

- Kommunikationspolitik

  Integrierte Kommunikation:

  - Werbung

  - Verkaufsförderung

  - Direktwerbung

  - Public Relations

    Integriertes Direktmarketing:

    - Direktmarketing-Aktion A

    - Direktmarketing-Aktion B

    - Direktmarketing-Aktion C

Abbildung 3: Integriertes Marketing

Die synergetische Abstimmung aller Aktivitäten im Bereich der Kommunikationspolitik wird als *integrierte Kommunikation* (Integrated Marketing Communication) bezeichnet. Aufgabe der integrierten Kommunikation ist es, die zunehmend homogener werdenden Produkte in den Köpfen der Verbraucher emotional, wertmäßig und nach dem Image zu differenzieren. Diesbezüglich richten sich die Integrationsbemühungen auch auf das Direktmarketing. Somit ist es notwendig, dass im Rahmen des *integrierten Direktmarketing* alle hierbei eingesetzten Instrumente in den Marketing- und Kommunikations-Mix eingebettet werden (vgl. Zorn 1997, S. 54 f.).

Durch die systematische Abstimmung aller Kommunikations-Instrumente ist dafür zu sorgen, dass eine optimale Wirkung erzielt und ein *einheitliches Erscheinungsbild* des Unternehmens vermittelt wird. Beispielsweise hat eine *formale Abstimmung* zu erfolgen, die aus einer visuellen oder akustischen Vereinheitlichung besteht und die unmittelbar erkennen lässt, um welches Unternehmen oder welche Marke es sich handelt. Dies lässt sich unter anderem durch den Gebrauch von einheitlichen Farben, Logos, Firmenslogans oder Schrifttypen erreichen (*Corporate Design*). Damit wird versucht, die Wahrnehmung und die gedankliche Präsenz des Unternehmens oder der Marke zu fördern.

Darüber hinaus sollten in Form der *inhaltlichen Abstimmung* kontinuierliche Werbebotschaften erzeugt sowie mit dem Einsatz von Schlüsselbildern möglichst hohe Synergieeffekte erzielt werden (vgl. Bruhn, 1997, S. 530).

Demzufolge ist es bei der Gestaltung eines *Mailings* wichtig, auf Bilder und Texte im Sinne von formaler und inhaltlicher Abstimmung besonderen Wert zu legen. Sie müssen koordiniert und im Einklang mit dem Unternehmensauftritt gestaltet werden.

Maßnahmenplanung

B. Planungsprozess einer Direktmarketing-Aktion

1. Planungsprozess

Analog der strategischen Unternehmensplanung sind bei der Planung von Direktmarketing-Aktionen mehrere **Phasen und Planungsebenen** zu beachten, die in der Abbildung 4 zusammengefasst sind.

Abbildung 4: Phasen des Planungsprozesses einer Direktmarketing-Aktion

Dabei ist zu beachten, dass die Übersicht die einzelnen Planungsschritte zwar chronologisch hintereinander stellt, diese *Chronologie* allerdings nur der didaktischen Aufbereitung dient. In der praktischen Umsetzung gibt es zahlreiche Rückkopplungsschleifen, Feed-backs zwischen den einzelnen Stufen und notwendige Parallelarbeiten.

Da die Aufgaben bei der Planung einer Direktmarketing-Aktion sehr vielfältig und unterschiedlich sein können, ist es auch möglich, dass einzelne Schritte für eine konkrete Aktion überflüssig sind, dafür aber andere, hier nicht genannte, einen wichtigen Stellenwert einnehmen. So werden die in den Kapiteln C und D erörterten praktischen Aktionen zum Teil von diesem Planungsschema abweichen und unterschiedliche Schwerpunkte setzen.

Die Abbildung 4 geht von der häufigsten Aufgabenstellung aus, dass ein *Mailing* entwickelt und eingesetzt werden soll. Die Planung anderer Direktmarketing-Aktivitäten, wie der Einsatz von Response-Anzeigen oder Online-Medien kann grundsätzlich nach dem gleichen Schema entwickelt werden, erfordert aber in der Umsetzung sicherlich eine Anpassung an die spezifische Aufgabenstellung.

Das in Abbildung 4 dargestellte Planungsschema untergliedert die Planung in fünf Ebenen.

1. In der ersten Ebene werden die *Planungsgrundlagen* durch eine Situationsanalyse und genaue Definition der verfolgten Ziele gelegt.

2. Anschließend erfolgt mit der Einbettung der Aktion in die strategische Unternehmensplanung, der Entscheidung für die eingesetzten Instrumente und der Definition der anzusprechenden Zielgruppe die *Strategieplanung*.

3. Die *Detailplanung* umfasst die Festlegung der einzusetzenden Medien, deren Realisation anschließend zu planen ist. Um die Aktion zu optimieren, sollte hier der Einsatz von Tests geprüft werden. Damit das Unternehmen nicht vom Response und Erfolg einer Aktion „überrascht" wird und die reagierenden Personen möglichst zeitnah mit einer qualitativ hochwertigen Antwort zufrieden gestellt werden, sollte hier das Follow-up geplant werden.

4. Die *Durchführung* umfasst die Herstellung und Streuung der Werbemittel und wird im Allgemeinen auf einen Dienstleister verlagert.

5. Schließlich ist die *Kontrollphase* nicht zu vernachlässigen; neben der Erfolgskontrolle hat auch die Nachbearbeitung zu erfolgen, die beispielsweise das Einspeisen aller neu gewonnenen Kundeninformationen in die Database beinhaltet.

2. Planungsgrundlagen

2.1. Situationsanalyse

---

1. Umweltanalyse

- Volkswirtschaftliche Entwicklung (Bevölkerung, Konjunktur, Einkommen)
- Technologische Entwicklung (technischer Fortschritt in dem betreffenden Markt)
- PEST-Analyse (Political, Economical, Social, Technological Influences)

2. Marktanalyse

- Regionale Abgrenzung des Marktes (Einzugsbereich)
- Definition des Gesamtmarktes, Teilmarktes, relevanten Marktes
- Marktvolumen und -potenzial, Absatzvolumen und -potenzial, Marktanteil

3. Absatzmarktanalyse

- Verbraucher (Abnehmer, Kaufkraft, soziale und psychologische Faktoren)
- Kundensegmentierung
- Handel (neue Betriebsformen, Kooperationen und Konzentrationen im Handel)

4. Konkurrenzanalyse

- Marktstellung
- Konkurrenzbeobachtung (Strategien, Marketing, Auftreten neuer Konkurrenten)

5. Beschaffungsmarktanalyse

- Arbeitsmarkt (Lage auf dem Arbeitsmarkt, Tarifverträge)
- Lieferanten (Rohstoffe, Vorprodukte)
- Kapitalmarkt (Banken)

6. Unternehmensanalyse

- Ressourcen (Kapital, Kapazität, Know-how)
- Marktstellung
- Stärken und Schwächen
- SWOT-Analyse (Strength, Weakness, Opportunities, Threats)

Abbildung 5: Inhalte der Situationsanalyse

Die erste Phase einer Marketingplanung stellt die Lageanalyse dar. Dazu muss eine *Situationsanalyse* erstellt werden, die den genauen gegenwärtigen Stand des Unternehmens aufzeigt. Wenn eine Werbeagentur mit der Erstellung der Werbemittel beauftragt wird, sollte das *Briefing* der Agentur eine möglichst vollständige Situationsanalyse umfassen, die die in Abbildung 5 genannten Kriterien enthält.

2.2. Zielsetzung einer Direktmarketing-Aktion

Ein grundlegender Erfolgsfaktor jeder Aktion ist die genaue *Zielformulierung*. Nur wenn die verfolgten Ziele bekannt sind, können die richtigen Entscheidungen getroffen werden, die zur Zielerreichung führen. Auf viele Unternehmen und deren Aktivitäten trifft leider der Ausspruch zu: „Nachdem wir unser Ziel aus den Augen verloren haben, haben wir unsere Anstrengungen verdoppelt!"

Die *Ziele*, die mit Direktmarketingmaßnahmen verfolgt werden können, sind vielfältig; die in Abbildung 6 zusammen gestellte Übersicht ist sicherlich unvollständig.

1. Kundengewinnung

Eine der wichtigsten Aufgaben des Direktmarketing besteht darin, *Interessenten* zu werben, die dann durch eine mehrstufige Aktion zu einem späteren Zeitpunkt in *Kunden* umgewandelt werden sollen. Zur Neukundengewinnung werden beispielsweise Adressen von erfolgsversprechenden Zielgruppen angemietet und mit dem Ziel angeschrieben, diese als Kunden für das Unternehmen zu gewinnen. Auch Freundschaftswerbung oder „Member get's Member"-Aktivitäten können zur Neukundengewinnung eingesetzt werden.

2. Kundenbindung

Seit einigen Jahren haben die Unternehmen das *Kundenbindungsmanagement* und damit den Wert ihres Kundenstammes neu entdeckt. Während der Schwerpunkt des Marketing früher auf der Neukundengewinnung lag, hat sich der Focus zunehmend auf die bestehenden Kunden verlagert (vgl. Holland, Heeg, 1998, S. 11). Durch Kundenkontakt-programme, Kundenkarten oder Clubaktivitäten werden bestehende Kunden enger an das Unternehmen gebunden (vgl. Holland, Melcher, 1998, S. 10).

Bestehende Kunden, die seit längerer Zeit nicht mehr gekauft haben und somit „inaktiv" geworden sind, lassen sich mit einem besonderen Angebot ansprechen, um ein „Abreißen" des Kontaktes zu vermeiden.

3. Verkauf

Einstufige Direktmarketing-Aktionen mit *bestellfähigen Angeboten* eignen sich vor allem für Kunden, die bereits mehrfach gekauft haben und über die somit Informationen in der Datenbank vorliegen. Auch der Test neuer Angebote in einem Mailing gestaltet sich im Direktmarketing sehr einfach und wirkungsvoll.

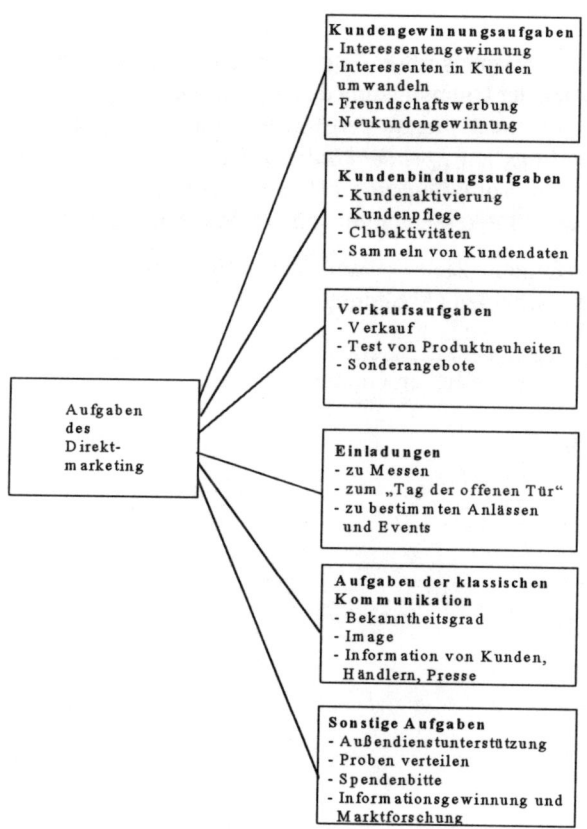

Abbildung 6: Ziele des Direktmarketing
Quelle: Holland, 2000a, S. 213

4. Einladungen

Im Investitionsgüterbereich stehen eher die Vorstellung neuer Produkte, *Messe-einladungen* oder Sonderaktionen durch Werbebriefe im Vordergrund als der unmittelbare Vertragsabschluss. Auch im Handel werden häufig Kunden oder Interessenten zu bestimmten Events eingeladen.

5. Aufgaben der klassischen Kommunikation

Obwohl das Direktmarketing im Allgemeinen anstrebt, eine Reaktion bei den Umworbenen zu erzeugen, können damit auch die Ziele der klassischen Werbung verfolgt werden. Auch die *Informationsübermittlung* und die Steigerung von Image und Bekanntheitsgrad lassen sich durch Mailings erreichen.

6. Sonstige Aufgaben

Direktmarketing kann beispielsweise im Investitionsgüterbereich oder bei Versicherungsunternehmen der Unterstützung des *Außendienstes* dienen, dessen Besuche vorbereitet und durch den Kunden angefordert werden können. Zahlreiche Fundraising-Unternehmen setzen Mailings zur *Spendenbitte* ein. Häufig dient die erste Stufe einer Direktmarketing-Aktion der Sammlung von *Informationen* über potenzielle Kunden in einer Database, aus der dann Interessenten für spätere Angebote heraus gefiltert werden.

Die im Marketing verfolgten Ziele lassen sich allgemein in ökonomische und psychologische Ziele unterscheiden (Abbildung 7).

Ökonomische Ziele (in wirtschaftlichen Größen messbar):

Mengenmäßig

- Absatzmenge

- Anzahl von Neukunden

Wertmäßig

- Umsatz

- Marktanteil

Rentabilität einer Aktion

- Deckungsbeitrag

- Gewinn

- Cash Flow

- Return on Investment

Psychologische Ziele (den ökonomischen vorgelagert, durch Marktforschungs-untersuchungen messbar):

- Bekanntheitsgrad

- Einstellungen, Image

- Kundenbindung

- Präferenzen

- Kundenzufriedenheit (Customer Satisfaction Index)

Abbildung 7: Marketingziele

3. Strategieplanung

3.1. Integriertes Direktmarketing

Damit sich die zu planende Direktmarketing-Aktion in die gesamte *Unternehmens-strategie* einordnet, an der Erreichung der Unternehmensziele mitwirkt und dem *Corporate Identity* (CI) des Unternehmens entspricht, muss diese in die strategische Unternehmens- und Marketingplanung eingebettet werden.

**INTEGRATION DES DIREKTMARKETING
IN DIE GANZHEITLICHE
UNTERNEHMENSFÜHRUNG**

Unternehmens-
Philosophie

Unternehmens-
Strategie

Marketing - Mix

Direktmarketing - Mix

Direktmarketing - Kommunikation

Direktmarketing - Aktion

Abbildung 8: Integration der Direktmarketing-Aktion

Wie Abbildung 8 zeigt, muss jede einzelne Direktmarketing-Aktion in die Hierarchie der ganzheitlichen Unternehmensführung eingepasst werden, denn sie ist schließlich ein Bestandteil der gesamten Direktmarketing-Kommunikation, die wiederum in den Direktmarketing-Mix einzuordnen ist. Das Direktmarketing muss mit sämtlichen Marketing-Instrumenten abgestimmt werden, um sich in die übergeordnete Unternehmensstrategie einzugliedern und der Unternehmensphilosophie zu entsprechen. Letztlich muss sich jede Aktion eines Unternehmens auf diese *Unternehmensphilosophie*, das Leitbild, die corporate-vision oder -mission einstellen.

Integriertes Marketing bedeutet die Eingliederung aller Marketing-Instrumente in das strategische Unternehmenskonzept. Dadurch sollen Synergieeffekte bei der Erreichung der Unternehmensziele erzeugt werden.

Es umfasst die *Koordination* aller Marketing-Mix-Instrumente:

- Produkt- und Sortimentspolitik,

- Kontrahierungspolitik,

- Distributionspolitik,

- Kommunikationspolitik

und deren strategische Ausrichtung auf Unternehmensziele. Aus den Oberzielen werden operative Subziele abgeleitet, die sich durch Synergieeffekte gegenseitig fördern sollen.

Die synergetische Abstimmung aller Aktivitäten im Bereich der Kommunikationspolitik wird als *integrierte Kommunikation* bezeichnet. Die integrierte Kommunikation hat die Aufgabe, ein einheitliches Erscheinungsbild des Unternehmen zu vermitteln und eine formale Abstimmung sicher zu stellen, sodass der Umworbene unmittelbar erkennt, welches Unternehmen der Absender des Mailings ist. Wenn das Unternehmen einheitliche Farben, einprägsame Logos, Firmenslogans oder Schrifttypen verwendet, lässt sich dadurch das Wiedererkennen erreichen, was die Präsenz des Unternehmens oder der Marke fördert.

3.2. Direktmarketing-Instrumente

Da in diesem Buch unter Direktmarketing alle *Marketingaktivitäten* verstanden werden, die auf einen direkten Kontakt mit der Zielperson abzielen und auf eine Reaktion ausgerichtet sind (vgl. Abbildung 1), umfasst es nicht nur die Instrumente der Kommunikationspolitik sondern alle Marketing-Instrumente.

Die Abbildung 9 gibt einen Überblick über die Instrumente des *klassischen Marketings*, die ihre Entsprechung im *Direktmarketing* (Abbildung 10) finden.

Bei der Planung einer Direktmarketing-Aktion gilt es im Rahmen der *Produkt- und Sortimentspolitik*, die Angebote zu definieren, die auf direktem Wege vermarktet werden sollen. In der *Kontrahierungspolitik* werden Preise sowie Lieferungs- und

Zahlungsbedingungen festgelegt. Die *Distributionspolitik* beschäftigt sich mit der Frage, wie die Angebote zu den Kunden gelangen und die *Kommunikationspolitik*, die im Rahmen dieses Buches im Mittelpunkt steht, optimiert den Einsatz der Direktmarketing-Kommunikation.

Abbildung 9: Instrumente des klassischen Marketing

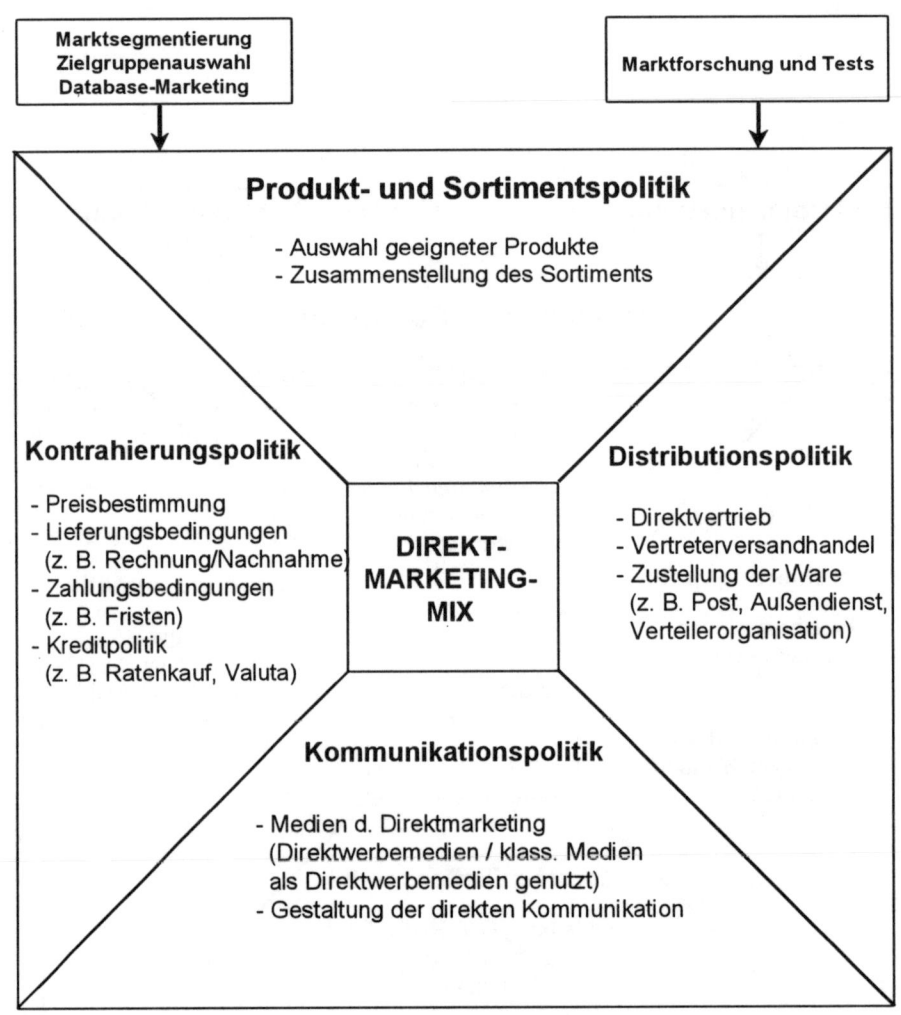

Abbildung 10: Instrumente des Direktmarketing

3.3. Database-Marketing

Alle über Medien des Direktmarketing oder auch über den persönlichen Kontakt gewonnenen Informationen über Kunden sollten gespeichert und für das Marketing genutzt werden.

Database-Marketing ist eine Methode, Informationen und Kenntnisse über Kunden und Märkte für den Einsatz des Marketing-Instrumentariums zu nutzen. Durch die Speicherung und Aufbereitung von Daten über Kunden des Unternehmens in Kundendatenbanken wird die Basis dafür gelegt, diese Informationen bei Marketing-Maßnahmen ausnutzen zu können (vgl. Holland, 2000c, S. 236).

Erst durch Database-Marketing lassen sich die besonderen Vorteile des Direktmarketing wirkungsvoll ausspielen. Ein *Dialog* mit dem Kunden kann nur dann entstehen, wenn frühere Kontakte bei den aktuellen Ansprachen berücksichtigt werden. Wenn in einer Kundendatenbank alle relevanten Informationen gespeichert sind, kann der Kunde *individuell* in personalisierten Werbemitteln angesprochen werden. Seine Präferenzen können in den zugesandten Angeboten Berücksichtigung finden, um eine gefestigte Kundenbindung zu erreichen und den Kunden auf der Loyalitätsleiter aufwärts zu führen.

Die *Kriterien*, die in eine Kundendatenbank aufzunehmen sind, hängen natürlich von dem Geschäftsbereich des betreffenden Unternehmens ab und können nicht verallgemeinert werden. Es lassen sich allgemein die in der Abbildung 11 zusammengestellten vier Datenkategorien unterscheiden (vgl. Holland, 2000 c, S. 239 f.).

Im Rahmen des Database-Marketing kann eine Kundendatenbank für vielfältige Aufgaben beim Einsatz der Marketinginstrumente genutzt werden.

1. Selektion

Die Database legt die Informationsgrundlage für die Selektion von Zielpersonen, auf die bestimmte definierte Kriterien zutreffen.

2. Segmentierung

Database-Marketing wird genutzt für bestimmte Angebote zur Segmentierung von Kunden, von denen man ein gesteigertes Interesse erwarten kann.

3. Marktforschung und Informationsgewinnung

Die Daten in der Datenbank können mit statistischen Verfahren und Methoden des Data-Mining analysiert und ausgewertet werden. Außerdem lassen sich aus der Database Stichproben für Befragungen ziehen oder Testgruppen von Kunden einrichten.

4. Neukundengewinnung

In Kundenstrukturanalysen lässt sich ermitteln, welche charakteristischen Merkmale die besonders guten Kunden auszeichnen. Mit dieser Kenntnis ist es leichter, die Neukundengewinnung zu planen und zu optimieren.

1. Grunddaten

Zu den Grunddaten zählen Adresse und längerfristig gleichbleibende Kundendaten, die unabhängig von den Angeboten des Unternehmens und dem Kaufverhalten des Kunden sind (z. B. Adresse, Soziodemografie, Psychografie).

2. Aktionsdaten

Die Aktionsdaten beinhalten die Informationen über die kundenbezogenen Maßnahmen, die bisher von dem Anbieter an die entsprechende Person gerichtet wurden. Hier werden die Mailings und sonstigen Informationen fest gehalten, die die Zielperson erhalten hat (z. B. Kontaktdaten, Marketingdaten).

3. Reaktionsdaten

Die Reaktionsdaten enthalten schließlich die Informationen über die Auswirkungen dieser Maßnahmen, also über die Reaktionen (z. B. Bestellungen, Informations-anforderungen) der Zielperson (z. B. quantitatives und qualitatives Kaufverhalten, Kundenbewertung, Bonitätsdaten).

4. Potenzialdaten

Potenzialdaten sind auf die Zukunft bezogen und liefern Anhaltspunkte für das Nachfrageverhalten in bestimmten Produktgruppen zu bestimmten Zeitpunkten. Sie bieten dem Unternehmen die Grundlage für die Prognose des zukünftigen Kundenwertes (life-time-value), z. B. Bedarf, Kundenpotenzial.

Abbildung 11: Datenkategorien einer Kundendatenbank

5. Selektion inaktiver und unrentabler Kunden

Viele Unternehmen schleppen einen großen Ballast von Kunden mit, die nicht mehr aktiv („Karteileichen") oder völlig unrentabel sind. Damit diesen inaktiven Kunden nicht die gleichen werblichen Maßnahmen zukommen wie den „guten" A-Kunden, ist eine Bewertung durch eine Database unumgänglich.

6. Unterstützung des Außendienstes

Mit Hilfe des Database-Marketing können Vorbereitungen des Verkaufgesprächs getroffen werden (z. B. Besuchsvereinbarungen oder das Nachfassen der Terminver-einbarung). Der Außendienst kann so wesentlich effektiver eingesetzt werden.

3.4. Zielgruppenauswahl

Gerade das Direktmarketing mit der Möglichkeit der individuellen, direkten Ansprache der Zielperson bietet besonders gute Möglichkeiten, ein *differenziertes Marketing* umzusetzen, denn es ist heute nicht mehr erfolgversprechend, den gesamten Markt mit einer einheitlichen Vorgehensweise zu bearbeiten.

Die Kriterien für eine *Marktsegmentierung* im Business-to-Business-Bereich, also für gewerbliche Kunden, und für private Endkunden sind beispielhaft in den folgenden Abbildungen 12 und 13 aufgeführt.

Während die Unternehmen früher – wenn überhaupt – ihre privaten Kunden nur nach geografischen oder soziodemografischen Kriterien unterschieden haben, ist dies heute nicht mehr Erfolg versprechend. Der Kunde lässt sich nicht mehr allein nach seinem Alter, Geschlecht und Einkommen differenzieren, wichtig ist eine Differenzierung nach seiner *Psychografie*.

Allgemeine Daten über das Unternehmen:

- Branche

- Unternehmensgröße (Umsatz, Anzahl der Beschäftigten etc.)

- Gebiet (Außendienstbezirk etc.)

- ...

Spezifische Daten aus der Geschäftsbeziehung mit dem Unternehmen:

- Umsatz (A-, B-, C-Kunde)

- Bestellte Artikel/Sortimente

- Deckungsbeitrag (A-, B-, C-Kunde)

- Dauer der Geschäftsbeziehung

- ...

Abbildung 12: Kriterien für die Segmentierung gewerblicher Kunden

1. Geografische Kriterien

Wenn sich das Kaufverhalten der Kunden nach geografischen Faktoren unterscheidet (Region, Stadt, Wohngebiet), erfolgt eine unterschiedliche Ansprache hinsichtlich dieser Kriterien.

2. Soziodemografische Kriterien

Die Kunden werden segmentiert nach Eigenschaften wie Alter, Geschlecht, Beruf, Haushaltsgröße, Anzahl der Kinder, Einkommen.

3. Verhaltenskriterien

Vor allem, wenn bereits Informationen über Kunden in einer Datenbank gespeichert vorliegen, können diese nach dem Kaufverhalten, der Markentreue, der Wahl von Geschäftsstätten oder ähnlichen Kriterien segmentiert werden.

4. Psychologische Kriterien

Demografische Daten sind nicht mehr so aussagekräftig wie früher; es ist immer weniger möglich, das Kaufverhalten nach dem Alter oder Einkommen zu erklären. Schwieriger zu erfassen, aber für die Beschreibung von Zielgruppen aussagekräftiger, ist die Selektion nach psychologischen Kriterien wie Meinungen, Einstellungen oder Images.

5. Benefit-Kriterien (Nutzenerwartungen)

Zur Gruppe der psychologischen Kriterien gehört auch die Frage nach dem Nutzen, den der Kunde von dem Produkt erwartet. Es kann sich dabei um einen Grundnutzen (ein Auto soll etwas von A nach B transportieren, eine Armbanduhr soll die Zeit anzeigen) oder einen Zusatznutzen handeln (das Auto soll Fahrfreude oder Prestige vermitteln, die Uhr soll modisch sein).

6. Lifestyle-Kriterien

Die Lifestyle-Segmentierung untersucht die Frage, womit ein Mensch seine Zeit verbringt und wofür er sein Geld ausgibt. In der Lifestyle-Segmentierung werden viele soziodemografische, psychologische und Verhaltenskriterien verarbeitet.

Abbildung 13: Kriterien für die Segmentierung privater Kunden

3.5. Adressmiete

Wenn neue Kunden mit Werbebriefen angeworben werden sollen, so muss das Unternehmen entweder die notwendigen Adressen dazu gewinnen oder aber Fremdadressen anmieten.

Die *Gewinnung* von Adressen ist durch unterschiedliche Methoden wie Coupon-Anzeigen, Beilagen, Gewinnspiele oder Freundschaftswerbung möglich. Allerdings haben viele Unternehmen feststellen müssen, dass die durch ein attraktives Gewinnspiel gewonnen Adressen keinen großen Wert haben und kaum für eine weitere Bearbeitung lohnenswert sind.

Auch die eigene *Ermittlung* von Fremdadressen anhand von Adressbüchern, Branchenverzeichnissen und Messekatalogen ist wenig erfolgsversprechend und sehr zeit- und kostenintensiv. Auch sind viele Angaben in diesen Verzeichnissen veraltet.

Für die meisten Aktionen im Direktmarketing, die sich nicht an eigene Kunden richten, werden Adressen gemietet. Dabei bedeutet *Miete*, dass Adressen in der Regel nur zur einmaligen Nutzung überlassen werden. Wenn ein Unternehmen zur Neukunden-gewinnung angemietete Adressen anschreibt, darf es diese Adressen nur dann in seinen Bestand übernehmen, wenn die Zielperson antwortet (vgl. Holland, 1993, S. 75).

Als *Vermieter* von Adressen kommen beispielsweise Versender in Frage, die ihre Kundenlisten nicht konkurrierenden Unternehmen zur Verfügung stellen, Zeitschriftenverlage mit den Adressen ihrer Abonnenten, Reiseveranstalter, Telekommunikationsunternehmen oder die Telekom mit ihren Adressen von Telefonbesitzern.

Daneben gibt es die großen *Adressenverlage*, die Adressenlisten von verschiedenen Unternehmen akquirieren und weitervermieten. Deren Kataloge enthalten fast alle Firmen- und Haushaltsadressen in Deutschland, die nach zahlreichen Merkmalen selektiert werden können. Bei den privaten Adressen sind auf grund der Datenschutzbestimmungen die Selektionsmöglichkeiten beschränkt, da neben der Adresse nur sehr wenige Informationen weitergegeben werden dürfen.

3.6. Mikrogeografische Segmentierung

Da die bei der Adressmiete zur Verfügung stehenden Informationen begrenzt sind oder wegen des Datenschutzrechtes nicht weitergegeben werden dürfen, haben die Adress-verlage nach anderen Möglichkeiten der Segmentierung gesucht.

Von den großen Adressverlagen werden gegenwärtig unterschiedliche Segmentierungs-verfahren angeboten, die auf einer *regionalen Feingliederung* beruhen. Dabei wird ein Land in kleine Wohngebietseinheiten aufgeteilt, die räumlich eng umgrenzt sind und Personen mit möglichst ähnlichen Wohnverhältnissen beinhalten. Diese Einheiten werden flächendeckend definiert und umfassen jeweils ungefähr die gleiche Einwohnerzahl.

Dabei geht man von der Hypothese aus, dass sich der Lebensstil und das Kaufverhalten von Personen durch ihre Wohnverhältnisse nach dem Prinzip „gleich und gleich gesellt sich gern" (*Neighbourhood-Affinität*) erklären lässt (vgl. Holland, 2000d, S. 127). Diese

Segmentierung nach geografischen Gesichtspunkten wird um Marktforschungsdaten ergänzt, die auf die definierten Gebiete aufgeteilt – *geocodiert* – werden.

Diese mikrogeografische Segmentierung ist heute so fein, dass bis zum einzelnen *Wohnhaus* selektiert werden kann. Bei der Adressmiete können somit beispielsweise Häuser segmentiert werden, die neueren Baujahres sind, einen gepflegten Eindruck machen und von einem Garten umgeben sind.

4. Detailplanung

4.1. Medien des Direktmarketing

4.1.1. Vielfalt der Medien

Entsprechend der *Definition* wird mit dem Einsatz von Direktmarketing-Aktionen ein direkter Kontakt zu einer Zielperson sowie eine Reaktion angestrebt. Diese Aufgabe kann durch unterschiedliche Medien erreicht werden; die wichtigsten sind in der folgenden Übersicht (Abbildung 14) dargestellt. Abbildung 15 gibt die Aufwendungen deutscher Unternehmen für diese Medien an.

4.1.2. Adressierte Werbesendung

Die adressierten Werbesendungen sind das meist genutzte Medium im Direktmarketing. Die klassische Form der adressierten Werbesendung stellt das Mailing dar, das aus mindestens vier Bestandteilen besteht:

1. **Das Kuvert**

Mit dem Kuvert wird der erste Kontakt zum Empfänger hergestellt. Es hat die Aufgabe, den Inhalt auf dem Weg zum Empfänger zu schützen und das Interesse des Empfängers zu wecken.

2. **Der Brief**

Der Brief übernimmt die Funktion, die mit dem Verkaufsgespräch bei einem persönlichen Kontakt vergleichbar ist. Er soll die wichtigsten Fragen des Lesers beantworten und die Vorteile des Angebots erläutern.

3. **Der Prospekt**

Der Prospekt stellt das Angebot ausführlich mit allen notwendigen Detailinformationen dar.

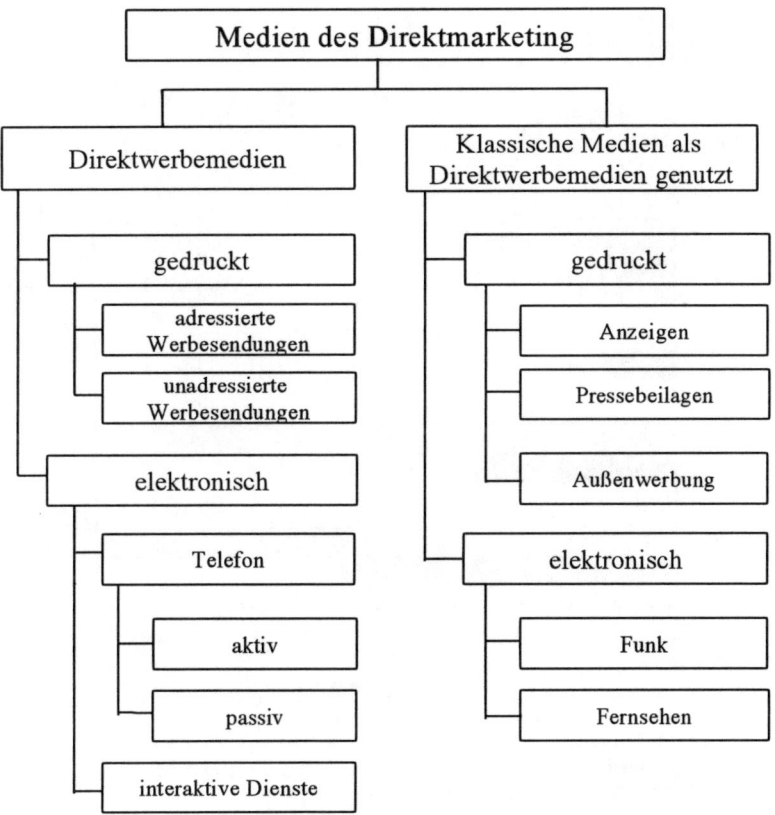

Abbildung 14: Medien des Direktmarketing
Quelle: vgl. Holland, 1993, S. 16

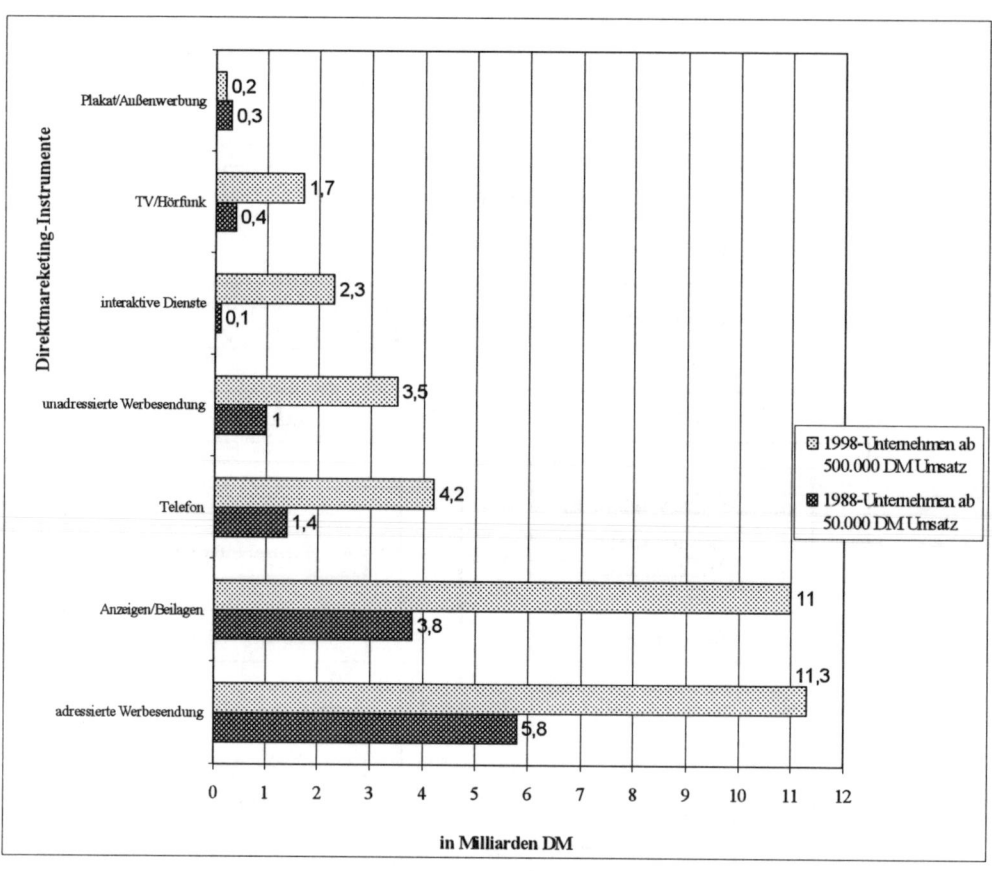

Abbildung 15: Aufwendungen für einzelnen Direktmarketing-Instrumente
Quelle: Deutsche Post AG, 1999, S. 15

4. Das Reaktionsmittel

Das Ziel des Direktmarketing besteht darin, den Empfänger zu einer Reaktion zu veranlassen. Deshalb muss das Mailing eine Antwortkarte beziehungsweise einen Bestellschein mit einem Rückumschlag enthalten. Das Reaktionsmittel ist so zu gestalten, dass es möglichst einfach auszufüllen ist.

Da in diesem Buch von einem Planungsprozess beim Einsatz eines Mailings ausgegangen wird, sollen die Regeln zur *Gestaltung eines Werbebriefes* in Kapitel 4.3. genauer erörtert werden.

4.1.3. Unadressierte Werbesendung

Unadressierte Werbesendungen finden sich ohne aufgedruckte Adresse des Empfängers in dessen Briefkasten. Es handelt sich dabei um Handzettel oder Prospekte, die durch Verteiler (*Haushaltswerbung*) oder Postboten (*Postwurfsendung*) den Haushalten zugestellt werden. Die unadressierten Werbesendungen werden nach der Definition dann als Direktmarketing (Abbildung 1) bezeichnet, wenn sie den Aufbau eines direkten Kontaktes anstreben.

„*Postwurf-Spezial*" stellt eine Zwischenform dar und enthält zwar nicht den Namen aber die Adresse der Zielperson („An die Bewohner des Hauses Ludwigstr. 14"). Hier besteht der Vorteil einer regionalen Feinsegmentierung mit geringen Kosten, da keine Adressen angemietet werden müssen.

4.1.4. Telefonmarketing

Beim *Telefonmarketing* besteht ein direkter Kontakt, und der Erfolg ist unmittelbar festzustellen. In zahlreichen Branchen wird das Telefonmarketing in Verbindung mit dem übrigen Marketing-Instrumentarium im Rahmen eines integrierten Marketing-Konzepts zum Aufbau und zur Pflege von Kundenkontakten eingesetzt.

Aktives Telefonmarketing (*Outbound*) bedeutet, dass das Unternehmen die Zielperson zu Marketingzwecken anruft. Beim passiven Telefonmarketing (*Inbound*) geht die Initiative von der Zielperson aus, den das Unternehmen, beispielsweise mit einer gebührenfreien Telefonnummer, ausdrücklich zu einem Anruf aufgefordert hat.

Die *rechtliche Situation* hat sich in den letzten Jahren verschärft. Aktives Telefonmarketing ist bei Verbrauchern nur dann zulässig, wenn der Angerufene sein Einverständnis dazu gegeben hat, zu Informationszwecken angerufen zu werden. Das bedeutet, dass das Telefonmarketing zur Neukundengewinnung (die sogenannte Kalt-Akquisition) praktisch ausgeschlossen ist, denn wie sollte dabei eine Einverständnis-erklärung vorliegen? Im Business-to-Business-Bereich gelten nicht die gleichen restriktiven Grenzen wie im Privatkundenbereich.

Das Telefonmarketing kann den unterschiedlichsten *Aufgabenstellungen* dienen.

Beim direkten *Verkauf* werden Kunden, zu denen im Normalfall schon eine Geschäfts-beziehung besteht, vor allem im Business-to-Business-Bereich mit dem unmittelbaren Ziel eines Vertragsabschlusses angerufen. Im Rahmen der *Marktforschung* kann Telefonmarketing genutzt werden, um Datenbanken aufzubauen oder zu aktualisieren.

Zu Zwecken der *Verkaufsförderung* kann das Telefonmarketing die klassische Werbung unterstützen. Über eingeblendete Telefonnummern können vom Kunden Bestellungen aufgegeben oder Informationen abgerufen werden.

Eine große Anzahl von Unternehmen betreibt Telefonmarketing als *Service* für die Kunden. Beispielsweise bieten Auto-Vermieter einen 24-Stunden-Service an, über den telefonisch Hilfe und Ersatzfahrzeuge angefordert werden können.

4.1.5. Interaktive Dienste

Die Verbreitung des *Internet* hat zu der rasanten Entwicklung des Direktmarketing in den letzten Jahren beigetragen. Sobald ein Unternehmen Informationen zu seinen Angeboten in das Internet stellt und den Nutzer zu einer Kontaktaufnahme auffordert, ist dies dem Direktmarketing zuzurechnen.

Dadurch, dass die Information für den Interessenten zum Abruf bereitgestellt wird, werden die Streuverluste praktisch eliminiert. Die werblichen Informationen werden nicht mehr nach dem „*Push-Prinzip*" an die Zielgruppe gesandt, sondern für die Interessierten bereitgestellt und von diesen nach dem „*Pull-Prinzip*" abgerufen.

Die Kontaktaufnahme erfolgt durch das Anklicken eines Symbols oder die Angabe einer E-Mail-Adresse. Das Unternehmen hat die Möglichkeit, die Interessenten in E-Mail-Listen aufzunehmen und elektronische Mailings zu versenden.

Die Einsatzmöglichkeiten des *World Wide Web* (WWW) im Direktmarketing sind vielfältig und lassen sich wie folgt klassifizieren:

- **WWW als Informationsmedium**

  Das WWW ist ein ideales Medium für die Präsentation von aktuellen Informationen über das Unternehmen und dessen Angebote. Im Unterschied zu klassischen Werbemitteln (wie einem Prospekt) bestimmt es der Nutzer selbst, wann er die Informationen aus dem WWW abruft.

- **Online-Beratung über das WWW**

  Vor einem Kauf kann der Kunde online beraten werden, indem das System nach den Bedürfnissen und Wünschen fragt und ein individuelles Angebot für ihn zusammenstellt.

- **Online-Verkauf über das WWW**

  Gut geeignet für den Online-Verkauf sind Software-Produkte. Hier wird nicht nur der Kaufvertrag online abgeschlossen, sondern auch die Distribution erfolgt online. Relativ häufig werden auch Bücher und CDs über das WWW vertrieben. Für die nächsten Jahre ist ein großes Wachstum beim E-Commerce zu erwarten.

- **Zahlungen im WWW**

  Immer mehr Anbieter integrieren auch Zahlungssysteme in ihr Internet-Angebot. Dazu können Kundenkonten eingerichtet werden, oder es wird von der Kreditkarte abgebucht. Neue Ansätze der Zahlung mit „virtuellem Geld" werden die Sicherheitsrisiken minimieren.

- **Online-Befragungen über das WWW**

    Gerade das WWW eignet sich für die Online-Marktforschung und zur Generierung von Adressdaten in einer Database.

Auch für das *E-Mail* sollen die Einsatzmöglichkeiten in einer Übersicht dargestellt werden.

- **E-Mail als Instrument des Direktmarketing**

    Viele Unternehmen nutzen bereits E-Mails für ihren Kundenkontakt für Beratung, Information, Service und technische Unterstützung.

    Über eine E-Mail, die der Verbraucher an das Unternehmen schickt, wird der Kontakt aufgenommen. Wenn das Unternehmen über das selbe Medium antwortet, entsteht ein direkter Dialog.

    Mit Hilfe von Mailing-Listen kann das Unternehmen mit mehreren Personen gleichzeitig kommunizieren. Die Personen melden sich als Teilnehmer für die Mail-Liste an und werden dann von dem Unternehmen mit Informationen versorgt. E-Mail übernimmt also die Aufgaben des Mailings.

- **Beschwerdemanagement durch E-Mail-Einsatz**

    Durch E-Mail-Beschwerdecenter wird die psychologische Hemmschwelle für unzufriedene Kunden gesenkt, sich mit dem Unternehmen in Verbindung zu setzen. Die Hürden für Beschwerden sollten sehr niedrig sein, denn es ist besser, einem unzufriedenen Kunden zu helfen, als diesen zu verlieren.

- **E-Mail-Einsatz für Marktforschungszwecke**

    Durch die Interaktivität können nicht nur Informationen an Kunden weitergegeben werden, sondern es besteht auch die Möglichkeit, Informationen über die Kunden zu sammeln und in der Database aufzubereiten.

Das Internet wird das Direktmarketing stark verändern und weiter vorantreiben.

Die Rolle des Papiers in der Werbung wird weiter abnehmen, die elektronische Übermittlung von Informationen wird zunehmen. Der Handel wird durch das E-Commerce (Electronic Commerce) revolutionäre Veränderungen erfahren.

4.1.6. Gedruckte klassische Medien

Über 70 Prozent aller Anzeigen in Printmedien enthalten Reaktionsmöglichkeiten. Wenn eine Anzeige geschaltet wird mit der Aufforderung an die Leser, in Kontakt mit dem Unternehmen zu treten, ist dies dem Direktmarketing zuzurechnen. Die *Response-Anzeige* bietet die Möglichkeit, Bestellungen zu generieren oder Interessenten zu gewinnen. Die Reaktion kann über Coupons (Coupon-Anzeigen), aufgeklebte

Rückantwortkarten (add-a-card), Telefonnummern (inbound Telefonmarketing), Fax-Nummern, Internet- oder E-Mail-Adressen geschehen.

Auch *Beilagen* in Pressemedien wie Zeitschriften, Zeitungen oder Anzeigenblättern enthalten häufig direkte Rückantwortmöglichkeiten.

Zur *Außenwerbung* werden alle werblichen Aktivitäten außerhalb von geschlossenen Räumen gerechnet. Neben Plakaten zählen dazu beispielsweise die Verkehrsmittel-werbung und die Bandenwerbung auf Sportplätzen. Zum Direktmarketing zählt man die Außenwerbung dann, wenn der Betrachter aufgefordert wird, in Kontakt mit dem Unternehmen zu treten. Da die Außenwerbung im Allgemeinen nur flüchtig wahrgenommen wird (beispielsweise aus dem Auto im Vorbeifahren) und hauptsächlich emotionale Bilder übermittelt werden können, ist die Bedeutung für das Direktmarketing gering. Als Responseelement kommen einfach zu merkende Telefonnummern in Frage.

4.1.7. Elektronische klassische Medien

Wenn in einen *TV-* oder *Funk-Spot* eine Telefonnummer oder Adresse eingeblendet wird und der Zuschauer oder Zuhörer zur Kontaktaufnahme aufgefordert wird, um etwas zu bestellen oder Informationen anzufordern, dient der Spot Zwecken des Direktmarketing.

Vor allem bei den privaten Fernsehsendern werden responsefähige Spots ausgestrahlt, die über eingeblendete Telefonnummern zu einer Bestellung oder Informations-anforderung aufrufen (DRTV: Direct Response Television).

4.1.8 Übersicht über die Direktmarketing-Instrumente

Folgende Abbildung 16 zeigt eine zusammenfassende *Beurteilung* der unterschiedlichen Medien des Direktmarketing mit ihren Vor- und Nachteilen.

Direktmarketing-Medien	Vorteile	Nachteile	Bemerkungen
- Adressiertes Mailing	+ direkte Ansprache + individuelle Ansprache	- Responseverluste bei ungenauer Segmentierung	= Basisinstrument
- Telefon-marketing	+ Informationsgewinnung	- kein Face to Face Kontakt - rechtliche Grenzen	= ideales Nachfass-instrument
- Plakate mit Response-element	+ andere Zielgruppen werden erreicht + emotionale Bilder	- Streuverluste - flüchtige Wahrnehmung	= einfache Response-möglichkeit notwendig (Telefonnr.)
- Anzeigen mit Response-Element	+ Gestaltungs-alternativen + emotionale Bilder + unterschiedliche Responsealternativen	- Kosten - Streuverlust	= bei der Anzeigengestaltung muss auf Responseelement geachtet werden
- Pressebeilagen	+ geringe Kosten + Zielgruppen je nach Medium	- Streuverluste abhängig vom Medium	= alternative Zielgruppenerreichung
- Hörfunk	+ hohe regionale Bekanntheit	- Kosten - Streuverluste	= wichtig Einblendedauer für Response
- Fernsehen / DRTV	+ multisensorisch + Adressgewinnung	- Kosten - Streuverluste - Einblendedauer	= ergänzend zu Mailingaktionen oder bei nicht eng definierter Zielgruppe
- Telefax	+ effizient bei bestehenden Kontakten	- Vorbehalte und rechtliche Grenzen	= wichtiges Instrument im B-to-B-Bereich
- WWW Home-page	+ Imagewirkung + weltweite Präsenz	- Beratungsbedarf - Aktualisierung	= Ausbau zu Vertriebskanal möglich
- E-Mail	+ schnell, effizient + kostengünstig + Abonnentengewinnung	- Anfragenorganisation notwendig	= Infoaustausch mit Zielpersonen, Dialogmöglichkeit zur Kundenbindung
- Web-TV	+ interaktiv + Vertriebskanal	- noch geringe Verbreitung in Europa	= künftige Entwicklung des TV/DRTV

Abbildung 16: Medien des Direktmarketing
Quelle: Holland, 2001a, S. 90

4.2. Rechtliche Bestimmungen für Mailings

Der Werbung mit postalischen Mitteln ist vom Gesetzgeber eine rechtliche Grenze gesetzt worden. Grundsätzlich sind *Werbebriefe zulässig*, allerdings gibt es Ausnahmen. Die Briefwerbung sollte nicht *als Privatbrief getarnt* werden, sodass der Werbecharakter erst nach näherem Befassen mit dem Briefinhalt erkennbar wird, denn gemäß § 3 UWG darf Werbung nicht irreführen, sondern muss als solche erkennbar sein.

Weiterhin muss der Werbungtreibende einen *Widerspruch des Adressaten* gegen die Zusendung von Werbeschriften akzeptieren. Diese zweite Bestimmung folgt aus dem Persönlichkeitsrecht des Adressaten, welches beeinträchtigt wird, wenn unerwünschte Sendungen in den Briefkasten eingelegt werden.

Den Widerspruch kann der Kunde durch eine Eintragung in die sogenannte *„Robinsonliste"* deutlich machen. In der Robinsonliste sind Adressen von Personen verzeichnet, die keine Werbung per Post erhalten möchten. Die aus Gründen des Verbraucherschutzes entstandene Liste wird beim DDV (Deutscher Direktmarketing Verband e.V.) in Wiesbaden geführt.

Der Werbungtreibende muss einen solchen *Widerspruch* grundsätzlich beachten. Eine Nichtbeachtung kann als Verletzung des Persönlichkeitsrechts im Sinn einer unerlaubten Handlung gemäß § 823 BGB angesehen werden.

Gewinnspiele stellen ein bewährtes Mittel dar, um den Kunden auf das Unternehmen oder das Angebot aufmerksam zu machen. Grundsätzlich sind sie wettbewerbsrechtlich zulässig, solange bestimmte Grundregeln beachtet werden. Als wesentliche Grundregel gilt, dass die Teilnahme am Gewinnspiel nicht mit einem *Warenkauf* verbunden werden darf. Dies würde beispielsweise dann vorliegen, wenn der Teilnahmeschein gleichzeitig einen Vordruck für eine Warenbestellung enthielte.

Ebenso wenig dürfen Gewinnspiele in der Weise ausgestaltet werden, dass auf den Teilnehmer moralischer Druck ausgeübt wird, der ihn zum Warenkauf zwingt (*psychologischer Kaufzwang*). Der Verbraucher muss deshalb erkennen können, dass die Teilnahme am Gewinnspiel nicht zum Kauf verpflichtet und auch nicht die Gewinnchance erhöht wird, falls er die Ware kauft. In diesem Zusammenhang bietet sich deshalb ein Hinweis in folgender Form an: „Die Teilnahme am Gewinnspiel ist unabhängig von einer Bestellung".

Darüber hinaus ist es unzulässig, den Empfänger einer Werbesendung unter *moralischen Druck* zu setzen, sodass er sich zum Warenkauf aus Dankbarkeit oder anstandshalber verpflichtet fühlt. Ein Beispiel wären kostenlose wertvolle Werbegeschenke.

4.3. Mailinggestaltung

4.3.1. Konzeption eines Mailings

Um ein Mailing zu gestalten, das nicht schnellstens in den Papierkorb geworfen wird, ist schon in der *Konzeptionsphase* der Grundstein dafür zu legen, dass es von seinem Empfänger wahrgenommen wird und zu der beabsichtigten Reaktion führt.

Die genaue Auswahl und Definition der *Zielgruppe* ist der größte Erfolgsfaktor einer Werbekampagne. Der Erfolg einer Aktion hängt ganz entscheidend von der richtigen Zielgruppenauswahl ab. Schätzungen gehen davon aus, dass die Hälfte des Werbeerfolges durch die richtige Zielgruppenauswahl beeinflusst wird.

Es gibt zahlreiche *Strategien* und Formeln für die Gestaltung von Werbebriefen, die eine Weckung von Interesse und Aufmerksamkeit des Lesers erreichen sollen. Einige dieser Strategien werden in der folgenden Abbildung 17 überblickartig dargestellt.

---

1. Vorteil für den Kunden

Der Leser eines Mailings muss Vorteile erkennen, um zum Weiterlesen motiviert zu werden. Wenn der Empfänger bei seiner ersten kurzen Durchsicht glaubhafte und nachvollziehbare Vorteile findet, liest er weiter, ansonsten verfehlt das Mailing seine Wirkung.

2. Dramatisierung des Werbebriefes

Wenn es nicht möglich ist, den Vorteil oder USP (Unique Selling Proposition) des Angebotes eindeutig dem Leser nahe zu bringen, kann das Angebot durch eine Dramatisierung des Mailings interessanter und attraktiver gestaltet werden.

Durch Mittel der Rhetorik und durch Weckung von Emotionen und vor allem durch die Ansprache des „Spieltriebs" sollen die Empfänger dazu gebracht werden, sich aktiv mit dem Mailing zu beschäftigen. Dieser Spieltrieb wird durch Gewinnspiele, mit Losen, Rubbelflächen, heraustrennbaren Bestandteilen oder auch Duftproben angesprochen.

Die **RIC-Methode** („Readership Involvement Commitment") zielt darauf ab, den Leser zu einer aktiven Beschäftigung mit dem Mailing zu motivieren. Er soll sich mit den einzelnen Bestandteilen des Packages auseinander setzen (Flächen freirubbeln, Lose öffnen, Fragen beantworten) und so zu einem intensiven Kontakt mit dem Werbemittel kommen.

3. KISS-Methode

Die oft – nicht nur im Direktmarketing – zitierte KISS-Methode („Keep It Short And Simple" oder auch „Keep It Simple And Stupid") bedeutet, dass nur kurze aber präg-

---

nante Sätze und Wörter verwendet werden sollen, um den Text einfach lesbar zu gestalten.

4. DDPC-Formel

Die DDPC-Formel gibt einen Hinweis über den Aufbau eines Briefes und steht für

- Dramatic (Dramatischer Einstieg)

- Descriptive (Beschreibung des Angebotes)

- Persuasive (Besitzwunsch wecken)

- Clinching (Zum Abschluss drängen)

5. Vier P

Die im Englischen sehr einprägsamen vier P bedeuten:

- Picture (Der Brief beginnt mit einer bildhaften Beschreibung des Angebotes.)

- Promise (Eine Problemlösung wird bei Annahme des Angebotes versprochen.)

- Prove (Es wird bewiesen – vielleicht mit Testimonials –, dass das Angebot mit Vorteilen verbunden ist und das Problem löst.)

- Push (Zum Abschluss des Briefes erfolgt der Anstoß zur Handlung.)

Abbildung 17: Strategien zur Gestaltung von Mailings

4.3.2. Kuvert

Das Kuvert (die Versandhülle) hat die Funktionen, den Inhalt zu schützen und zusammen zu halten sowie die Aufmerksamkeit des Empfängers zu gewinnen. Mit dem Kuvert kommt der *erste Kontakt* zu dem Empfänger zustande. Es ist dafür entscheidend, dass der Umschlag geöffnet wird (vgl. Abbildung 18).

Fenster im Kuvert werden genutzt, die Adresse des Empfängers sichtbar zu machen. Zusätzliche Fenster können eingesetzt werden, um einen Teil des Inhaltes zu zeigen und somit die Neugierde zu wecken.

Das absendende Unternehmen sollte seine Corporate Identity durch eine einheitliche *Grundausstattung* des Umschlags mit Abdruck von Firmenfarben und Firmenlogo deutlich machen und damit einen Beitrag zur integrierten Kommunikation leisten.

Headlines können schon auf dem Umschlag den Inhalt des Briefes andeuten. *Bilder* vom Angebot oder auch vom Hauptgewinn können die Attraktivität steigern.

Die Gestaltung des Umschlags ist abhängig von der *Zielgruppe* und der *Zielsetzung*. Ein Finanzdienstleister oder ein Investitionsgüterhersteller wird sicherlich keine Umschläge verwenden, die so „werblich" gestaltet sind wie die eines Versenders.

4.3.3. Brief

Der Brief (das Anschreiben) hat die Aufgabe, den *Kontakt* zum Kunden aufzubauen, eine Auskunft über den Absender zu geben und das Angebot vorzustellen. Der Brief führt das Verkaufsgespräch und motiviert zum Weiterlesen, er erzeugt ein Interesse an dem Angebot und überzeugt von den Vorteilen und Problemlösungen des Produktes.

Der Brief führt einen *Dialog* mit dem Leser, indem er im Brieftext Antworten auf die Fragen des Lesers gibt (vergleiche Abbildung 18). Die Kriterien für die Gestaltung eines Mailings werden in Kapitel 4.3.6. erläutert.

4.3.4. Prospekt

Der Prospekt oder die Beilage zum Werbebrief kann in den *unterschiedlichsten Formen* vorliegen. Es kann sich um einen einfachen, einseitigen und kleinformatigen Prospekt (Stuffer), einen Angebotsflyer, eine Broschüre oder einen Katalog handeln. Zusätzlich kann das Mailing Produktproben, Gewinnspiele oder Kleingeschenke enthalten.

Dem Gestalter des *Prospekt-Layout* (visuelle Umsetzung einer Konzeptionsidee) sind grundsätzlich auf grund moderner Produktions- und Falztechniken zahlreiche Möglichkeiten gegeben, seine Idee umzusetzen. Der Prospekt ist jedoch bezüglich des Gewichts der schwerste Bestandteil im Mailing. Daher muss besonders darauf geachtet werden, dass die vorgesehene Gewichtsobergrenze nicht überschritten wird.

Der Prospekt hat die Funktion, eine genaue *Produktbeschreibung* zu geben (vergleiche Abbildung 18). Er muss logisch und verständlich aufgebaut sein und Bilder zur genauen Angebotsbeschreibung enthalten.

Für den Prospekt gelten ähnliche Gestaltungsregeln wie für den Werbebrief, wobei auch hier das Interesse des Lesers entlang einer Lesekurve gelenkt werden kann. Die *Bilder* im Prospekt stellen die dominierenden Gestaltungselemente dar. Hierzu lässt sich feststellen, dass große Bilder vor kleinen und bunte vor schwarz-weiß-gedruckten betrachtet werden. Den Bildern kommt die Aufgabe zu, das Produkt genau zu beschreiben, um den Nachteil des Kaufs per Post auszugleichen. So führen Versandhandelskunden oft als nachteilig an, dass sie die Ware weder anfassen noch anprobieren können. Aus diesem Grund sollten die angebotenen Artikel so fotografiert und dargestellt werden, dass den Kunden ein klarer und eindeutiger Eindruck von der präsentierten Ware vermittelt wird, wobei mit Hilfe von Detailaufnahmen zusätzlich besondere Produktvorteile angedeutet werden können. Bei der Verwendung von Farben ist festzustellen, dass farbige Bilder mit *Personen* eine höhere Aufmerksamkeit beim Leser erzeugen als reine Sachaufnahmen.

Soll beispielsweise eine besondere Preishervorhebung betont werden, so bietet es sich an, dies durch *Symbole* (beispielsweise Sterne) zu betonen. Hierdurch wird dem Leser Aktualität signalisiert. Die Symbole können durch eine anregende rote Signalfarbe verstärkt werden und sich dann deutlich von dem übrigen Umfeld abheben.

Die größte Aufmerksamkeit eines Prospekts erlangt die *Titelseite*. Sie sollte daher den Prospektinhalt verdichtet wiedergeben und den Hauptvorteil des Angebotes aufzeigen. Hierbei eignet sich ein Slogan oder eine aussagekräftige Headline, um den Leser erahnen zu lassen, was sich in der Innenseite des Prospektes befindet.

Auf grund der Tatsache, dass etwa die Hälfte der Leser den Prospekt zunächst wendet, bevor sie ihn aufblättert und somit die Rückseite vor der Innenseite angesehen wird, sollte der Vorteil eines Produktes ebenfalls auf der Rückseite herausgestellt werden.

Um das Interesse beim Leser zu wecken, bietet es sich weiterhin an, *aktivierende Elemente* in Form von Gewinnspielen oder Preisausschreiben einzubeziehen. Durch die Interaktion mit dem Leser, beispielsweise durch das Ausnutzen des „Spieltriebs", soll dieser sich längere Zeit mit dem Mailing beschäftigen und möglichst durch das Spiel (Lose, Rubbelfelder) an die Angebote heran geführt werden.

4.3.5. Reaktionsmittel

Das Reaktionsmittel kann aus einer Antwortkarte, einem Faxformular oder einem Bestellschein mit Rückkuvert bestehen. Es bildet den Abschluss des „Verkaufsgespräches" und soll möglichst *einfach auszufüllen* sein.

Dazu ist eine klare und übersichtliche Gestaltung mit einer begrenzten Anzahl von Alternativen notwendig. Wenn das Reaktionsmittel schon *so weit wie möglich ausgefüllt* ist und die Adresse des Empfängers – als Absender der Reaktion – schon aufgedruckt ist, sodass der Absender nur noch ein „Kreuzchen" machen muss, wird das den Rücklauf erhöhen.

Es ist zu überlegen, ob ein *Frankieren* der Antwort („Bitte freimachen") verlangt wird, oder ob der Absender diese Kosten übernimmt („Das Porto übernehmen wir für Sie").

Wenn das Unternehmen die Portokosten übernimmt, kann es mit einem quantitativ höheren Rücklauf rechnen, allerdings nimmt dabei üblicherweise die Qualität der Reaktionen ab.

4.3.6. Kriterien für die Gestaltung eines Briefes

In zahlreichen Tests und Studien zum Beispiel mit Blickaufzeichnungskameras sind *Kriterien* ermittelt worden, die bei der Gestaltung des Anschreibens beachtet werden müssen, um „den Kampf gegen den Papierkorb" zu gewinnen.

Blickaufzeichnungskameras registrieren, welche Stellen Versuchspersonen bei vorgelegter Werbung betrachten und lesen. Der *Blickverlauf* wird aufgezeichnet und ausgewertet. Die in der folgenden Übersicht zusammengestellten Kriterien für die Gestaltung eines Briefe wurden durch diese Untersuchungen entwickelt (vgl. Vögele, 1996, S. 88 ff.).

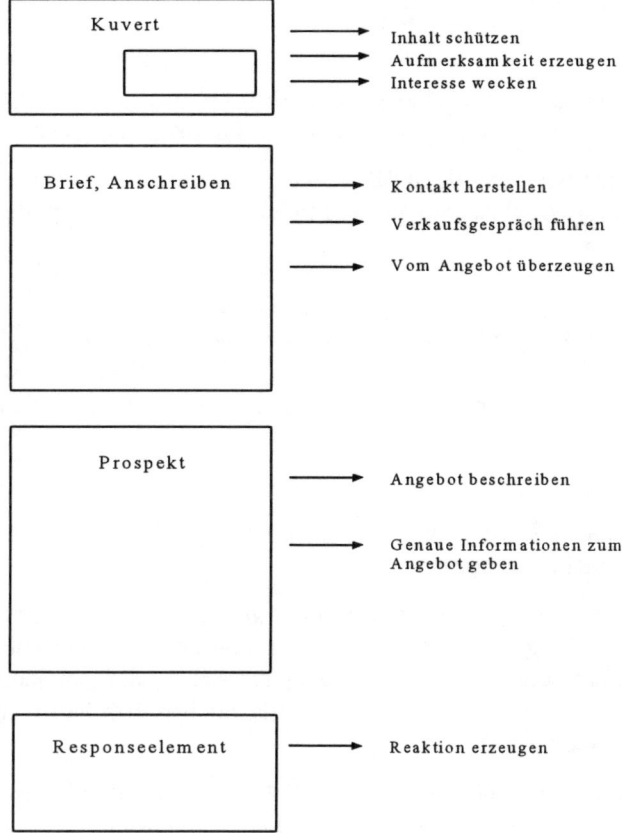

Abbildung 18: Bestandteile eines Mailings

Kriterien zur Gestaltung eines Briefes:

1. Briefkopf

Auf den Briefkopf fällt der erste Blick des Lesers; er ist ein wichtiges Element zur *Visualisierung* des Briefes. Durch einen Firmenbriefkopf mit Firmenlogo oder eine werbliche Gestaltung mit Abbildung des angebotenen Produktes kann ein Blickfang genutzt werden. Einige Firmen – beispielsweise Versicherungsunternehmen – verwenden Fotos des Absenders oder des zuständigen Außendienstmitarbeiters, um ein Vertrauensverhältnis aufzubauen.

51

Die Angabe des *Datums* ist wichtig. Wenn bei der Produktion der Mailings noch nicht genau feststeht, wann die Postauslieferung stattfindet, wird eine offene Datumsangabe (Frankfurt, im Juli 2001) verwendet.

2. Headline

Eine Headline kann auf dem Brief eingesetzt werden, um den Leser beim Überblicken des Textes zu stoppen, seine *Aufmerksamkeit* und sein Interesse hervorzurufen.

Die Headline sollte kurz über den Inhalt des Angebots informieren. In manchen Mailings ist die Überschrift durch graphische Symbole in einen Kasten integriert, der „Johnson-Box" genannt wird.

3. Anrede

Werbebriefe sollten, wenn irgendwie möglich, personalisiert werden und den Empfänger namentlich ansprechen. Falls diese persönliche Ansprache nicht möglich ist, kann man eine originelle oder zielgruppenbezogene Formulierung verwenden (beispielsweise „Lieber Gartenfreund").

4. Text

Beim Text sind die ersten Sätze wichtig, sie sollten sofort zum Thema kommen; lange Einleitungen werden nicht akzeptiert.

Das Sprachniveau muss dem *Niveau der Zielgruppe* angepasst werden. Auch hier ist die bekannte Regel (KISS: „Keep it short and simple") anzuwenden, die Formulierung muss einfach und verständlich sein. Viele Texter orientieren sich an dem Sprachniveau eines 14 jährigen Kindes, um den Leser bei der oberflächlichen Beschäftigung mit dem Werbemittel nicht zu überfordern.

Wenn vorab eine *Argumentations-Checkliste* für das Angebot erstellt wird, wird die Gefahr minimiert, einen wichtigen Aspekt im Mailing zu vergessen.

5. Typografie

Bei der Typografie kommt es vor allem auf die *Lesbarkeit* der Texte an. Kreative „Spielereien" (Negativschrift oder farbige Schrift) können zwar die Aufmerksamkeit steigern; solche Texte sind aber für viele Menschen sehr schlecht lesbar.

Gut lesbar sind Schriften mit Versalien („Füßchen" an den Buchstaben, wie z. B. Courier, Times Roman).

6. Absätze

Absätze im Text dienen der *Leseerleichterung*. Es wird damit vermieden, dass der Leser durch einen unübersichtlichen Textblock abgeschreckt wird.

7. Unterstreichungen und Fettdruck

Um den Blickverlauf zu führen, sollten bei längeren Texten sparsam Unterstreichungen oder Fettdruck eingesetzt werden. Beim ersten *Überblick* über den Text wird der Leser an den so hervorgehobenen Textstellen „hängen bleiben" und diese wahrnehmen.

8. Bilder

Bilder können im Briefkopf eingesetzt werden. Sie können dazu dienen, das angebotene Produkt oder *Problemlösungen* aufzuzeigen. Den größten Aufmerksamkeitseffekt haben in der Werbung Bilder von Menschen. Sie dienen auch im Werbebrief dazu, das Personalisierungsprinzip umzusetzen und dem Leser seinen „Gesprächspartner" zu zeigen, zu dem er Vertrauen aufbauen kann.

9. Unterschrift

Die Unterschrift ist ein *visueller Bestandteil* des Briefes und darf keinesfalls fehlen. Sie sollte in blauer Farbe gedruckt oder persönlich unterschrieben erscheinen. Eingescannte und qualitativ schlecht gedruckte Unterschriften in schwarzer Farbe machen keinen guten Eindruck.

Für den Empfänger ist die Unterschrift wichtig, da er nach dem Absender und einer *Bezugsperson* sucht. Da Unterschriften meist unleserlich sind, wird der Name darunter zusätzlich in Druckbuchstaben angegeben.

10. Postskriptum

Fast alle Werbebriefe enthalten ein PS, das bei privaten Briefen kaum noch zu finden ist. Studien haben gezeigt, dass das PS zwar in seiner Bedeutung abnimmt aber für viele Leser den *ersten vollständig gelesenen Textteil* darstellt. Sie blicken in einem ersten Überblick in einer S-Kurve über den Brief, bleiben an den oben beschriebenen hervorgehobenen Teilen hängen und kommen schließlich zum PS, das für viele Leser den Übergang zwischen erstem Überblick und anschließendem ausführlichen Lesevorgang darstellt. Wenn das PS das Interesse weckt, wird der Empfänger dazu gebracht, den Brief vollständig zu lesen.

Das Postskriptum kann das Angebot in Kurzform beschreiben oder einen Zusatzanreiz versprechen („Wenn Sie bis zum ... antworten, versprechen wir Ihnen ...").

11. Aufbau des Textes

Beim Aufbau des Textes ist darauf zu achten, dass dieser logisch und verständlich und klar gegliedert ist; der rote Faden sollte erkennbar sein.

Viele Briefe lassen drei Textteile erkennen.

- Der *Anfangsteil* hat die Aufgabe, Aufmerksamkeit zu erzeugen und den Sinn des Angebotes zu erklären.

- Der *Mittelteil* soll das Angebot erklären und die Argumentation zur Demonstration der Vorteile bringen.

- Der *Endteil* leitet zum Reaktionsmittel über und enthält die Aufforderung zur Reaktion.

Eine Möglichkeit, diese Dreiteilung umzusetzen stellt das *„If-then-so"-Schema* dar.

- *If* (wenn): Ein Problem oder Bedürfnis wird aufgezeigt.

- *Then* (dann): Das Angebot zur Lösung des Problems wird vorgestellt.

- *So* (deshalb): Der Brief drängt zu einer Reaktion.

In den USA wird die *DDPC-Formel* häufig erwähnt, um den Textaufbau zu beschreiben:

- *Dramatic*: Dramatischer Einstieg in den Brief, ein Problem wird möglichst dramatisch beschrieben („Was passiert, wenn Sie morgen einen Festplattencrash auf Ihrem PC haben?")

- *Descriptive*: Es wird beschrieben, wie das Angebot dieses Problems löst („Mit unserem XY-Programm sichern Sie ...").

- *Persuasive*: Der Leser wird überredet oder besser überzeugt, das Angebot anzunehmen; der Besitzwunsch wird geweckt („Die Zeitschrift A schrieb in ihrem Test zu unserem Produkt: Das XY-Programm ist unentbehrlich für ...").

- *Clinching*: Zum Schluss des Briefes geht man „in den Clinch", leitet zum Reaktionsmittel über und drängt zur Antwort („Noch bis zum Ende des Monats können wir Ihnen unseren günstigen Einführungspreis anbieten.").

12. Länge des Textes

Zur Länge des Textes gibt es widersprüchliche Erfahrungen und Empfehlungen. Einerseits muss er *möglichst kurz* sein, um wahrgenommen zu werden, andererseits ist eine gewisse *Länge* notwendig, um alle wichtigen Argumente zur Beschreibung des Angebotes zu nennen.

Versender senden ihren guten Stammkunden eher längere Briefe, da der Umfang die Wertschätzung ausdrückt; ein wichtiger Kunde wird ernst genommen und bekommt lange Briefe. Allgemein kann jedoch gesagt werden, dass ein Brief eher kurz sein sollte, damit er die Chance hat, gelesen zu werden.

13. Die Lesekurve

Die Lesekurve beschreibt den häufig S-förmigen Verlauf des Blickes über den Text und soll diesen lenken.

Werbeagenturen testen diesen Blickverlauf in einer sogenannten *„Dialogskizze"* und prüfen, ob die oben beschriebenen Gestaltungskriterien den Leser wirklich dazu bringen, die relevanten Informationen aufzunehmen.

14. Die Personalisierung

Bei der Personalisierung ist es wichtig, das *rechte Maß* zu treffen. Der Name des Empfängers sollte in der Adresse und in der Anrede verwendet werden, eventuell ist auch eine wiederholte Namensnennung im Verlauf des Textes sinnvoll.

4.4. Realisationsplanung

Nachdem die Planung der Direktmarketing-Aktion soweit vorangeschritten ist, wird nun die *Realisationsplanung* aufgestellt, die die einzelnen Arbeitsschritte in eine Zeitplanung einbringt und die jeweiligen Ressourcen ermittelt. Diese Realisationsphase sollte in *Phasen* unterteilt werden, die für die Entwicklung eines *Mailings* wie in der Abbildung 19 und 20 dargestellt ablaufen können.

1. Vorlauf/Aufgabenstellung

2. Umsetzung/Wahl der Werbemedien/Ermittlung der Zielgruppen

3. Konzeption (Text, Graphik, Fotos)

4. Präsentation

5. Einholung von Angeboten

6. Auftragserteilung/Adressenbestellung

7. Satz/Reinzeichnung

8. Druckfreigabe

9. Litho

10. Druck

11. Adressenabruf

12. Lettershop

13. Posteingang beim Kunden

14. Eingang der ersten Bestellung

Abbildung 19: Phasen der Realisationsplanung

1. Vorlauf/Aufgabenerstellung

Hier erfolgt die Festlegung der Zielsetzung und der Ressourcen sowie das Briefing der Agentur, die mit der Konzeption der Werbemittel beauftragt wird. Die in der Situationsanalyse gesammelten Informationen müssen in dieser Phase bereitstehen.

2. Umsetzung/Wahl der Werbemedien/Ermittlung der Zielgruppen

Die grundsätzliche Auswahl der einzusetzenden Medien (z. B. Mailing, Coupon-Anzeige, Coupon-Beilage) und die Auswahl der geeigneten Zielgruppen konkretisiert die Aktion weiter. Im weiteren Verlauf wird hier vom Einsatz eines Mailings ausgegangen.

3. Konzeption (Text, Graphik, Fotos)

Die beauftragte Agentur erstellt eine Konzeption, die dem Auftraggeber in der 4. Phase präsentiert wird.

4. Präsentation

5. Einholung von Angeboten

Nachdem die Konzeption genehmigt und zwischen Auftraggeber und ausführender Agentur abgestimmt wurde, werden Angebote bezüglich des Drucks und der Verarbeitung der Werbemittel eingeholt.

6. Auftragserteilung/Adressenbestellung

Der Auftrag für das Papier, die Umschläge, den Druck und das Anmieten der Adressen wird erteilt.

7. Satz/Reinzeichnung

Die Agentur erstellt farbausgezeichnete Reinzeichnungen (mit Angabe der Farbwerte), die als Vorlagen für die Lithografie dienen.

8. Druckfreigabe

Vor der Freigabe durch den Auftraggeber sind noch einmal alle Texte und Bilder zu prüfen. In dieser Phase können noch Textfehler oder das Layout korrigiert werden.

9. Litho

Die Lithografien, die druckfähigen Vorlagen, werden im Allgemeinen von spezialisierten Lithografie-Anstalten erstellt. In dieser Phase ist das Werbemittel in Form eines Andruckes erstmals vierfarbig zu sehen und zu begutachten. Nach letzten, meist nur farblichen, Korrekturen erfolgt die endgültige Druckfreigabe.

10. Druck

Vor dem Druck der Hauptauflage werden die Andrucke aus dem Produktionsanlauf (Maschinenandrucke) noch einmal kontrolliert. Dabei wird die Synchronisation der vier Farben abgestimmt (Passer).

11. Adressenabruf

Der Druck der Werbemittel und der Adressenabruf erfolgt bei personalisierten Mailings gleichzeitig. Wegen der besseren Personalisierungsmöglichkeiten wird heute überwiegend mit dem Endlos-Offset-Druck gearbeitet. Anschließend wird die Rolle häufig in der Druckerei im Laser- oder Tintenstrahldrucker personalisiert. Der Laser fügt die individuellen Bestandteile (Adresse, persönliche Anrede) in die beim Druck dafür freigelassenen Felder ein.

12. Lettershop

Im Lettershop wird die bedruckte Papierrolle verarbeitet. Es wird geschnitten, gefalzt, kuvertiert und entsprechend den Postvorschriften sortiert. Die meisten Sendungen in großen Auflagen werden mit dem eingedruckten Freivermerk (Posthorn) freigemacht. In einigen Fällen kommen aber auch Freistempler oder Briefmarken zum Einsatz.

13. Posteingang beim Kunden

Zwischen Postanlieferung und Eingang beim Empfänger können bei Infopost mehrere Tage vergehen.

14. Eingang der ersten Bestellung

Am nächsten oder übernächsten Tag nach dem Posteingang beim Empfänger laufen die ersten Antworten beim Unternehmen ein. Eine Statistik über die täglich eintreffenden Antworten zeigt einen typischen Verlauf der Erfolgskurve, auf den in einem späteren Kapitel noch ausführlich eingegangen wird.

Abbildung 20 zeigt den Aufbau einer *Terminplanung*, wie sie bei Werbeagenturen eingesetzt wird, um den Fortschritt der Realisation eines Mailings zu kontrollieren.

1. Briefing durch den Auftraggeber

2. Konzeption erster Ideen und Lösungsvorschläge

3. Präsentation des Konzeptes durch die Agentur vor dem Auftraggeber

4. Freigabe des Konzeptes

5. Briefing für den Entwurf durch den Auftraggeber

6. Erstellung des Fotolayout

7. Rough, grob skizzierter Entwurf für das Mailing

8. Entwurf

9. Interne Präsentation in der Werbeagentur

10. Präsentation des Entwurfes vor dem Auftraggeber

11. Freigabe des Entwurfes durch den Auftraggeber

12. Fototermin nach Buchung des Fotografen und der Models

13. Dia-Auswahl

14. Präsentation Dia-Auswahl vor dem Auftraggeber

15. Briefing für den Satz

16. Briefing für die Reinzeichnung

17. Erstellung Satz

18. Erstellung Reinzeichnung

19. Präsentation der Reinzeichnung vor dem Auftraggeber

20. Freigabe der Reinzeichnung durch den Auftraggeber

21. Reinzeichnungs-Korrektur

22. Farbauszeichnung

23. Herstellung des Andruckes

24. Präsentation des Andruckes vor dem Auftraggeber

25. Freigabe des Andruckes durch den Auftraggeber

26. Erstellung der Druck- und Versandliste

27. Erstellung der Lithografie

28. Beginn der Produktion des Mailings

29. Anlieferung an die Post

30. Postauslieferung

Abbildung 20: Realisationsplanung gemäß der Terminplanung einer Werbeagentur

4.5. Tests im Direktmarketing

4.5.1. Arten von Tests

Ein wichtiger Vorteil des Direktmarketing besteht in der Möglichkeit der *Werbeerfolgskontrolle*. Vor der Hauptaussendung lassen sich Werbemittel testweise einsetzen, um die Erfolgsaussichten zu prüfen und eine möglichst wirkungsvolle Form zu finden. Vor allem vor dem Versand von Mailings werden häufig mehrere *Testvarianten* dieses Werbebriefes entwickelt und getestet.

Bei der Konzeption eines Tests ist darauf zu achten, dass immer nur ein Merkmal variiert wird, um die eindeutige Zuordnung von Ursachen und Wirkungen nicht zu gefährden.

Eine Übersicht über mögliche Tests gibt die Abbildung 21.

1. Test eigener Adress-Segmente

2. Test externer Adresslisten

3. Test von Selektionsmöglichkeiten

4. Produkttest

5. Test von Innovationen

6. Preis- und Konditionentest

7. Test von Angebotsformen

8. Gestaltungstest

9. Konzepttest

10. Zeittest

11. Regionaltest

Abbildung 21: Tests im Direktmarketing

1. Test eigener Adresssegmente

Die Adressen von eigenen Kunden werden nach Kriterien, die in der Kundendatenbank gespeichert sind, ausgewählt und testweise angeschrieben.

2. Test externer Adresslisten

Unterschiedliche Adressenlisten werden durch Aussendung an eine kleine, aber repräsentative Auswahl getestet, bevor man sich zum Anmieten aller Adressen dieser kompletten Liste entscheidet. Die Adresslisten unterscheiden sich beispielsweise durch die Quelle der Adresse (Kunden eines bestimmten Versandhändlers, Abonnenten einer Zeitschrift etc.).

Meist werden ca. 5 000 Adressen aus dem Gesamtbestand ausgewählt, wobei die Grundlagen der Stichprobentheorie bezüglich der Repräsentativität und der Stichprobengröße zu beachten sind. Mehrere Listen werden mit den gleichen Mailings gegeneinander getestet. Die Listen mit den besten Ergebnissen, gemessen an der Rücklaufquote oder am Bestellwert, werden dann für die Hauptaussendung verwendet.

3. Test von Selektionsmöglichkeiten

Ähnlich den Listentests, die im Allgemeinen ebenfalls verschiedene Zielgruppen vergleichen, sollen diese Tests zeigen, mit welchen Selektionskriterien für Zielgruppen eine Steigerung von Bestellwert oder Rücklaufquote erreicht werden kann. Diese Selektionsmöglichkeiten umfassen beispielsweise soziodemografische Merkmale oder Daten des Kaufverhaltens.

4. Produkttest

Auch das Angebot kann mit Hilfe von Testmailings auf seine Akzeptanz geprüft werden.

5. Test von Innovationen

Innovationstests stellen eine spezielle Form des Produkttests dar.

6. Preis- und Konditionentest

Die Instrumente der Kontrahierungspolitik, wie Preise und Zahlungsbedingungen, werden durch unterschiedliche Testvarianten auf ihre Wirkung überprüft.

7. Test von Angebotsformen

Eine spezielle Angebotsform ist beispielsweise der kostenlose Drei-Monats-Test für eine Kreditkarte oder das „Mini-Abo" einer Zeitschrift.

8. Gestaltungstest

Einer der wichtigsten Tests für Mailings - neben dem Listentest - ist der Gestaltungs- oder Kreativtest. Einzelne Bestandteile des Mailings werden variiert und in ihrer Erfolgswirkung beurteilt. Es soll herausgefunden werden, ob beim Einsatz einfacherer Werbemittel der Werbeerfolg proportional zu den sinkenden Kosten abnimmt.

So könnte beispielsweise ein Test ermitteln, dass die Rücklaufquote durch besonders aufwändige Mailings (personalisiert, vierfarbige Prospekte, gute Papierqualität) zwar ansteigt, diese Zunahme aber durch einen überproportionalen Anstieg der Kosten überkompensiert wird.

9. Konzepttest

Der Konzepttest überprüft ein Mailingkonzept als Ganzes, beispielsweise die Verwendung von Gewinnspielen oder den Einsatz von Geschenken.

10. Zeittest

Im Laufe eines Jahres sind Schwerpunkte für die Nachfrage unterschiedlicher Produkte zu erkennen, die durch die Saisonalität des Konsums zu erklären sind. Der optimale Zeitpunkt für den Versand von Mailings lässt sich ebenso testen wie die optimale Frequenz von Werbebriefen oder der optimale Zeitpunkt für eine Nachfassaktion.

Nicht nur im Jahresablauf, sondern auch an den Wochentagen erbringen Mailings unterschiedliche Ergebnisse. Im Konsumentenbereich hat sich gezeigt, dass Werbebriefe, die vor dem Wochenende eintreffen, die stärkste Beachtung finden. Im Business-to-Business-Bereich sollten die Briefe in der Mitte der Woche die Zielperson erreichen.

11. Regionaltest

Vor allem bei Angeboten, die schwerpunktmäßig in bestimmten Gebieten nachgefragt werden (beispielsweise Trachtenmode), dienen die Regionaltests dazu, die besonders erfolgsträchtigen Gebiete herauszufinden.

4.5.2. Test-Design

Bei allen Experimenten und Tests ist zu beachten, dass jeweils nur *ein* Kriterium variiert werden darf, da ansonsten die genaue Zuordnung der Ergebnisse nicht möglich ist. Die Wirkungen der Testvariationen müssen sich genau differenzieren lassen. Als Folge aus dieser Variation nur eines einzigen Testkriteriums ergeben sich sehr schnell *große Testanlagen*, wenn mehrere Variablen auf ihre Wirkung überprüft werden sollen.

Zusätzlich zu den Testgruppen sollte eine *Kontrollgruppe* eingesetzt werden, um eine Bezugsbasis für die Beurteilung des Erfolgs zu haben.

Beispielsweise möchte ein Unternehmen, das bisher das Mailing A eingesetzt hat, nun zwei Testvarianten X und Y überprüfen. Bei diesem Test sollte neben den Varianten X und Y auch das Mailing A als Kontrollinstrument eingesetzt werden.

Durch eine entsprechende *Codierung* kann sichergestellt werden, dass die Rückläufe auch eindeutig den Varianten zugeordnet werden können.

Bei der Planung und Durchführung von Tests sind einige spezifische Probleme zu berücksichtigen.

1. Problem der kleinen Zahlen

Wenn ein Unternehmen einen Rücklauf von 3 Prozent auf sein Mailing erwartet, wären bei einer Auflage von 1 000 Mailings nur 30 Reagierer zu erwarten. Es ergibt sich das *„Problem der kleinen Zahlen"*, das bei geringen Unterschieden im Erfolg der Varianten zu großen Veränderungen der Zielgrößen führt. Zufallsbedingte, statistisch nicht signifikante Differenzen können zu Fehlinterpretationen führen, aus diesem Grund darf ein Test einen bestimmten Mindestumfang nicht unterschreiten.

2. Problem der Auswertungstiefe

Je *tiefer die Auswertung* erfolgen soll, desto zufallsabhängiger werden die Ergebnisse, da sich die Datenbasis verkleinert, wenn neben der Responsequote im Zeitablauf auch das weitere Kaufverhalten oder Rentabilitätsberechnungen durchgeführt werden sollen.

3. Problem der Differenzierung

Eine saubere *Differenzierung der Auswertung* durch die Codierung der Antwortkarten ist eine notwendige Bedingung für den Aussagewert des Tests. Vor allem bei der telefonischen Erfassung von Interessenten ist die Zuordnung zu den Testvarianten erschwert.

4. Problem der Time-Lags

Die Wirkung einer Direktmarketing-Aktion erfolgt zwar häufig unmittelbar nach der Aktion, aber viele Interessenten werden erst wesentlich später reagieren, sodass sich *Time-Lags* ergeben, die nicht in der Testauswertung berücksichtigt werden können.

5. Problem der klassischen Werbewirkung

Neben der unmittelbaren Response hat das Mailing sicherlich auch Ziele einer klassischen Kommunikation erreicht. Es hat zur Entwicklung von Image und Bekanntheitsgrad beigetragen und den Boden für ein Folgemailing bereitet, das dann eventuell mit einer höheren Erfolgswahrscheinlichkeit eingesetzt wird. Das Mailing hat somit Ausstrahlungseffekte auf nachfolgende Aktivitäten.

Diese *psychologische Werbewirkung* ist in der Testauswertung kaum zu erfassen.

4.5.3. Testumfang

Damit aus einem Testergebnis auf den Erfolg bei der Aussendung an alle Adressen geschlossen werden kann, muss der Test *repräsentativ* sein. Die Stichprobe muss die gleichen Merkmale aufweisen wie die Grundgesamtheit; sie muss ein verkleinertes, aber wirklichkeitsgetreues Modell der Grundgesamtheit darstellen (vgl. Holland, 1999, S. 62).

Die Repräsentativität der Stichprobe erreicht man dadurch, dass die anzuschreibenden Testpersonen nach dem *Zufallsprinzip* ausgewählt werden. Entweder wird ein Zufallszahlengenerator eingesetzt, oder man entnimmt jede x-te Adresse aus der Grundgesamtheit.

Zur Bestimmung der notwendigen Größe der Stichprobe für den Test muss auf die Stichprobentheorie der induktiven Statistik zurückgegriffen werden, die auf der Wahrscheinlichkeitsrechnung basiert (vgl. Holland, 1999, S. 68). Nur wenn die *Stichprobengröße* einen bestimmten Wert überschreitet, kann aus dem Testergebnis mit vorgegebener Wahrscheinlichkeit (beispielsweise 95 Prozent oder 99 Prozent) auf das Ergebnis der Hauptaussendung geschlossen werden. Ansonsten wirken sich Zufallsfehler zu stark aus.

Bei einer angenommenen Testgröße von nur 500 Mailings und einer Rücklaufquote von 3 Prozent wäre mit 15 Antworten zu rechnen. Ob nun aber 15 oder 12 oder 20 Rückläufe eintreffen, liegt im Bereich des Zufalls, man kann von diesem Ergebnis nicht hochrechnen und prognostizieren. Nach dem „Gesetz der großen Zahl" wird ein deutlich größerer Testumfang benötigt, um Rückschlüsse ziehen zu können.

Die vereinfachte Formel für den notwendigen Stichprobenumfang beruht auf dem statistischen *Urnenmodell mit Zurücklegen* (vgl. Holland, 1999, S. 69).

$$n \geq \frac{t^2 \bullet P \bullet Q}{e^2}$$

n = Größe der Stichprobe

t = Sicherheitsgrad aus der Tabelle der Standardnormalverteilung. Der Sicherheitsgrad muss vom Bearbeiter vorgegeben werden.

Wenn man mit einer Sicherheit von 99 Prozent von dem Testergebnis auf den Werbeerfolg bei allen Adressen schließen will, beträgt t = 2,58.

Bei 95 Prozent lautet der Wert für t = 1,96.

P = Prozentsatz der Reagierer, der sich aus der Erfahrung ergibt. P muss geschätzt werden.

Q = Gegenwahrscheinlichkeit zu P. Wenn man mit 5 Prozent Response rechnet, ist P = 0,05 und Q = 1 - P = 0,95.

e = Der Stichprobenfehler gibt den Genauigkeitsgrad (die Fehlertoleranz) der Schätzung an. Wenn der Response auf 0,1 Prozentpunkte genau geschätzt werden soll, ist die Variable e = 0,001.

Dieses Urnenmodell *mit* Zurücklegen geht davon aus, dass das erste Element der Stichprobe aus der Grundgesamtheit gezogen wird, seine Eigenschaft notiert wird und es dann wieder zurück gelegt wird, bevor man das nächste Element auswählt. Damit ist es möglich, dass in der Stichprobe mehrmals das gleiche Element zu finden ist. Dies ist eher unrealistisch, trotzdem wird in der Praxis meist auf diese vereinfachte Formel zurück gegriffen.

Einige *Beispielrechnungen* bei denen immer – wie in der Praxis üblich – von einem Sicherheitsgrad von 95 Prozent (t = 1,96) ausgegangen wird, sollen den Umgang mit den Formeln erläutern.

1. Beispiel

Ein Unternehmen plant eine Testaussendung eines Mailings, das einen prognostizierten Rücklauf von 2 Prozent erbringen wird.

Die Rücklaufquote soll auf ± 0,1 Prozentpunkte genau geschätzt werden. Der Sicherheitsgrad, mit dem das Testergebnis tatsächlich eintreten wird, soll 95 Prozent betragen.

$$n \geq \frac{t^2 \bullet P \bullet Q}{e^2}$$

P = 0,02   (Response 2 Prozent)

Q = 0,98   (Q = 1 - P)

t = 1,96   (Tabelle der Standardnormalverteilung)

e = 0,001 (Stichprobenfehler ± 0,1 Prozentpunkte)

$$n \geq \frac{1,96^2 \bullet 0,02 \bullet 0,98}{0,001^2}$$

$$= 75\ 295,36$$

Der Stichprobenumfang muss mindestens 75 296 Adressen umfassen, da grundsätzlich aufgerundet werden muss. Wenn bei dem Test dann ein Responsewert von 2 Prozent erreicht wird, wäre *folgende Aussage* möglich:

„Mit einem Sicherheitsgrad von 95 Prozent wird auch bei der Hauptaussendung eine Rücklaufquote zwischen 1,9 Prozent und 2,1 Prozent eintreten."

2. Beispiel

Der große Testumfang des ersten Beispiels lässt sich durch einen höheren Wert für e reduzieren. Falls in dem obigen Beispiel eine Fehlertoleranz von 0,4 Prozentpunkten akzeptiert würde, ergäbe sich:

$$n \geq \frac{1,96^2 \bullet 0,02 \bullet 0,98}{0,004^2}$$

$$= 4\ 705,96$$

Es müssten mindestens 4 706 Mailings versandt werden.

„Mit einem Sicherheitsgrad von 95 Prozent wird bei der Hauptaussendung eine Rücklaufquote zwischen 1,6 Prozent und 2,4 Prozent eintreten."

Bei geringerem Stichprobenumfang sinkt somit die Genauigkeit des Ergebnisses.

In der Abbildung 22 sind die Werte für den *notwendigen Stichprobenumfang* für alternative P (prognostizierte Responsequote) und e (Stichprobenfehler) angegeben. Die beispielhaft angegebenen Werte geben einen *Überblick* über die Größenordnungen und zeigen, dass vor allem bei hohen Responsequoten bei vertretbarem Stichprobenumfang nur große Stichprobenfehler realisierbar sind. Dabei ist zu beachten, dass der

Stichprobenfehler in Prozentpunkten gemessen wird und bei größeren Rücklaufquoten relativ kleiner wird. Es ist eher angemessen, bei einem Response von 5 Prozent einen Stichprobenfehler von 0,5 Prozentpunkten in Kauf zu nehmen als bei einem Rücklauf von 1 Prozent. Im ersten Fall schwankt der Schätzwert zwischen 4,5 Prozent und 5,5 Prozent, im zweiten zwischen 0,5 Prozent und 1,5 Prozent.

Geschätzte Responsequote in %	Stichprobenfehler in Prozentpunkten					
	0,05	0,1	0,2	0,3	0,4	0,5
0,1	15.352	3.838	960	427	240	154
0,2	30.672	7.668	1.917	852	480	307
0,4	61.220	15.305	3.827	1.701	957	613
0,5	76.448	19.112	4.778	2.124	1.195	765
0,6	91.646	22.912	5.728	2.546	1.432	917
0,8	121.948	30.487	7.622	3.388	1.906	1.220
1,0	152.128	38.032	9.508	4.226	2.377	1.522
1,2	182.185	45.547	11.387	5.061	2.847	1.822
1,4	212.118	53.030	13.258	5.893	3.315	2.122
1,5	227.039	56.760	14.190	6.307	3.548	2.271
1,6	241.929	60.483	15.121	6.721	3.781	2.420
1,8	271.617	67.905	16.977	7.545	4.245	2.717
2,0	301.182	75.296	18.824	8.367	4.706	3.012
2,5	374.556	93.639	23.410	10.405	5.853	3.746
3,0	447.163	111.791	27.948	12.422	6.987	4.472
3,5	519.001	129.751	32.438	14.417	8.110	5.191
4,0	590.070	147.518	36.880	16.391	9.220	5.901
4,5	660.372	165.093	41.274	18.344	10.319	6.604
5,0	729.904	182.476	45.619	20.276	11.405	7.300
6,0	866.665	216.667	54.167	24.075	13.542	8.667
7,0	1.000.353	250.089	62.523	27.788	15.631	10.004
8,0	1.130.968	282.742	70.686	31.416	17.672	11.310
9,0	1.258.509	314.628	78.657	34.959	19.665	12.586
10,0	1.382.976	345.744	86.436	38.416	21.609	13.830

Abbildung 22: Notwendiger Stichprobenumfang bei einem Sicherheitsgrad von 95 % (t = 1,96) für alternative Responsequoten (P) und Stichprobenfehler (e) nach der Formel für den Fall mit Zurücklegen
Quelle: Holland, 1993, S. 52

In der *Praxis* werden häufig Testumfänge von 5 000 verwendet, wobei größere Unternehmen auch Tests in Auflagen von 20 000 oder 50 000 durchführen.

4.6. Follow-up

Häufig hat man den Eindruck, dass der Absender eines Mailings dieses sehr sorgfältig konzipiert und ausgeführt hat, der *weiteren Betreuung* gewonnener Kunden oder Interessenten aber wenig Aufmerksamkeit geschenkt hat. Die Person, die auf das Mailing reagiert hat, wartet dann oft lang auf eine Reaktion, oder diese fällt qualitativ sehr stark ab.

Ein mittelständischer Unternehmer, der durch den Einsatz von Mailings Interessenten für seine Angebote entwickelt, sagte in diesem Zusammenhang: „Mir kann eigentlich nichts Schlimmeres passieren, als dass jemand darauf antwortet. Dafür habe ich kein Konzept, sondern muss jedes Mal improvisieren."

Bei der Planung ist das *Follow-up* frühzeitig zu berücksichtigen, um dem Interessenten oder Kunden ein einheitliches Erscheinungsbild (Integrierte Kommunikation) auf gleichbleibend hohem Niveau zu vermitteln und ihm zu zeigen, dass er bei dem Unternehmen „in den besten Händen ist".

Viele Direktmarketing-Aktionen sind als *mehrstufige Aktionen* geplant, die in mehreren Schritten von der Interessentengewinnung zum ersten Kauf und zu Folgekäufen führen. Schon bei der Planung einer Aktion sollte festgelegt werden, zu welchem Zeitpunkt und mit welchem Werbemittel ein *Nachfassen* erfolgen soll, um diejenigen Adressaten zu aktivieren, die bisher nicht geantwortet haben.

Weiterhin müssen frühzeitig die Kapazitäten für die *Auftragsnachbearbeitung* und Auftragsabwicklung bereitgestellt werden.

Schließlich ist die *Aktualisierung der Database* wichtig, denn jede Aktion führt nicht nur zu Reaktionen (oder auch Nicht-Reaktionen), sondern auch zu neuen Informationen über die Zielpersonen, die in der ständig zu aktualisierenden Datenbank abgelegt werden müssen. Damit steigt mit jeder Aktion das Wissen über die Kunden, und es erhöht sich die Chance der zielgerichteten Ansprache.

Auch die weiteren Maßnahmen des Kundenbindungsmanagements und des *Customer Relationship Managements* (CRM) sollten frühzeitig geplant werden, um die Anforderungen des integrierten Marketing zu erfüllen (vgl. Holland, 2001b).

4.7. Mehrstufige Aktionen

Das Ziel einer Direktmarketing-Aktion liegt nicht immer im unmittelbaren Verkauf einer Ware oder Dienstleistung, sie kann auch die Gewinnung von Interessenten oder zahlreiche andere *Zielsetzungen* anstreben. Oft steht der eigentliche Vertragsabschluss erst am Ende einer mehrstufigen Kette von aufeinander folgenden Werbebotschaften, die klassische Medien und Direktwerbemedien miteinander kombinieren.

Die Abbildung 23 gibt einen Überblick über die *Wirkungsmechanismen* ein- und mehrstufiger Werbewege im Direktmarketing.

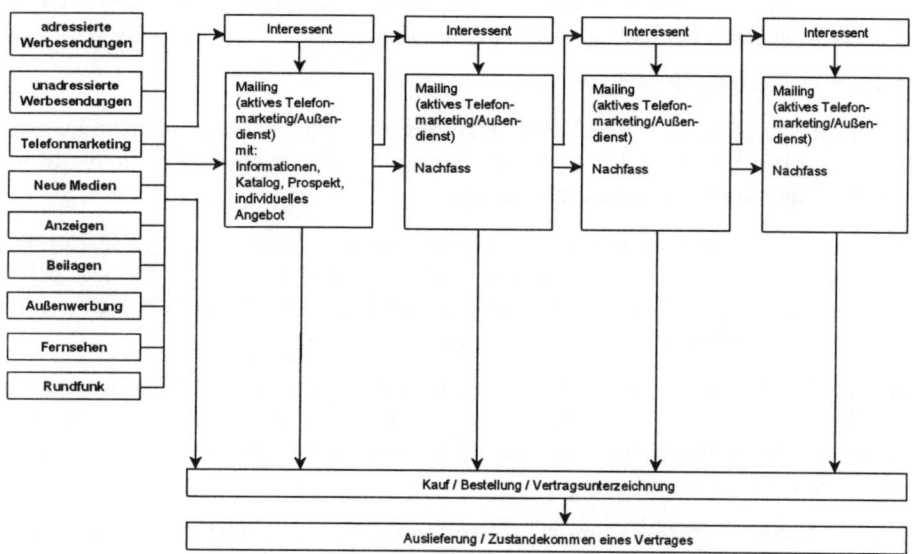

Abbildung 23: Wirkungsmechanismen ein- und mehrstufiger Werbewege im
          Direktmarketing
          Quelle: Holland, 1992, S. 43

Ausgehend von einem Medium des Direktmarketing, beispielsweise dem Mailing, wird in Abbildung 23 die weitere *Wirkungskette* bis zu einem Abschluss aufgezeigt. Der Empfänger oder Leser einer Werbebotschaft hat die Möglichkeit zu reagieren. Wenn die Antwort in einem Kauf oder einer Vertragsunterzeichnung besteht, handelt es sich um eine einstufige Aktion.

Wenn die *erste Stufe* des Werbeweges aber auf die Interessentengewinnung abzielt, werden die Interessenten in einer zweiten Stufe durch ein Mailing, ein aktives Telefonmarketing oder einen Außendienstbesuch mit Informationen in Form von

Katalogen, Prospekten oder individuellen Angeboten ausgestattet. Diese *zweite Stufe* kann zum Abschluss führen oder zur weiteren Filterung der Interessenten genutzt werden.

In der Abbildung 23 sind nach dem ersten Medium vier weitere *Aktionsstufen* berücksichtigt, wobei in der Praxis auch wesentlich längere Ketten festzustellen sind. Weiterhin berücksichtigt das dargestellte Modell, dass der weitere Ablauf der Kette auch ohne Reaktion der Zielperson sinnvoll sein kann.

In einem *Überblick* sollen einige häufig verwendete Werbewege aufgezeigt werden. Bei diesem Überblick wird angenommen, dass das Ziel der Aktion letztlich in der Erzeugung einer Bestellung mit anschließender Belieferung liegt.

1. Mailing → Bestellung → Lieferung

Wenn sich das Mailing an bereits bestehende Kunden richtet, die eine Beziehung zu dem Unternehmen haben wie die Kunden eines Versandhauses, kann durch den Werbebrief ein direkter Kaufabschluss angestrebt werden.

Auch bei wenig erklärungsbedürftigen Produkten, die das Budget eines Haushaltes nicht stark belasten, oder bei Produkten mit einem eindeutigen USP (Unique Selling Proposition), der sich auch in einem Brief darstellen lässt, ist der direkte Verkauf über einen Werbebrief möglich.

Für Produkte, die hochpreisig sind oder einen hohen Beratungsbedarf erfordern, wird dieser Weg nicht zum gewünschten Erfolg führen. Beispielsweise wird es kaum gelingen, einem Verbraucher ein Auto oder eine Lebensversicherung über einen einzelnen Werbebrief zu verkaufen.

2. Erstes Mailing → Interessenten → Zweites Mailing → Bestellung → Lieferung

In einem ersten Mailing wird das Angebot kurz vorgestellt. Interessenten antworten auf dieses Mailing und erhalten umfangreiche Informationen in dem zweiten Werbebrief, der dann bestellfähig ist.

Auch wenn für das konkrete Angebot im zweiten Brief Angaben des Kunden notwendig sind, wie beispielsweise bei Versicherungsangeboten, ist eine mehrstufige Vorgehensweise unabdingbar. Diese Kette kann auch um weitere Mailings verlängert werden.

Der Versandhandel nutzt zur Neukundengewinnung ein erstes Mailing, das an angemietete Adressen versandt wird. Die Interessenten erhalten den Katalog und werden, falls sie nicht daraus bestellen, noch mit drei weiteren Mailings ausgestattet, in denen man versucht, eine Bestellung herbeizuführen.

3. Mailing → Interessenten → Außendienstbesuch → Bestellung → Lieferung

Auf grund eines Werbebriefes kann der interessierte Empfänger einen Außendienst-besuch anfordern, bei dem es dann möglicherweise zum Vertragsabschluss kommt.

4. Mailing → Interessenten → Telefonmarketing → Bestellung → Lieferung

Wenn Interessenten in ihrer Antwort auf ein Mailing ihr Einverständnis für aktives Telefonmarketing geben, können diese in der zweiten Stufe mit dem Ziel des Verkaufs angerufen werden, was im Business-to-Business-Bereich praktiziert wird.

Zwischen Telefonmarketing und Bestellung können auch mehrere Zwischenschritte wie ein weiteres Mailing oder ein Außendienstbesuch gelegt werden.

5. Unadressierte Werbesendung → Bestellung → Lieferung

Durch die Post oder private Verteilerorganisationen werden Werbemittel an die Empfänger zugestellt, die responsefähig sind und zu Bestellungen führen.

6. Aktives Telefonmarketing → Bestellung → Lieferung

Wenn die rechtlichen Voraussetzungen dafür gegeben sind, betreiben Anbieter vor allem im Business-to-Business-Bereich aktives Telefonmarketing, um Bestellungen zu generieren. Vor allem bei regelmäßigen Geschäftsbeziehungen mit periodisch wiederholten Bestellungen wird dieses Medium häufig genutzt. So rufen viele Groß-händler ihre Kunden (Einzelhändler) regelmäßig an, um eine Bestellung aufzunehmen.

7. Interaktive Medien → Bestellung → Lieferung

Die interaktiven Medien werden zur Gewinnung von Aufträgen oder auch mehrstufig zur Interessentengewinnung eingesetzt.

8. Response-Anzeige → Bestellung → Lieferung

Eine direkt bestellfähige Anzeige mit einem Coupon oder einer Antwortkarte fordert zur Abgabe einer Bestellung auf.

9. Response-Anzeige → Interessenten → Mailing → Bestellung → Lieferung

Eine Anzeige in einem Print-Medium enthält einen Coupon oder eine Bestellkarte, die von dem Leser genutzt werden kann, um weitere Informationen anzufordern. Als Antwort erhält er ein Mailing, in dem das Angebot detailliert beschrieben wird.

10. Response-Anzeige → Interessenten → 1. Mailing → Interessenten → 2. Mailing → Bestellung → Lieferung

Eine Verlängerung des oben beschriebenen Weges um ein weiteres Mailing wird von zahlreichen Versicherungsgesellschaften verwendet. Mit einem Coupon können Informationen über ein bestimmtes Versicherungsprodukt angefordert werden, die in einem ersten Mailing nachzulesen sind. Mit einem zweiten Mailing wird bei den Interessenten nachgefasst, die auf den ersten Brief geantwortet haben und ein konkretes Angebot abgerufen haben.

11. Beilage → Bestellung → Lieferung

Ähnliche Ziele wie die Anzeige verfolgt die Beilage mit einem Response-Element.

12. Beilage → Interessenten → Mailing → Bestellung → Lieferung

Nicht alle Beilagen sind direkt bestellfähig. Viele enthalten nur die Aufforderung, Informationen anzufordern (Informationsgutschein oder Info-Scheck), die dann durch einen Werbebrief zugestellt werden.

5. Durchführung

5.1. Werbemittelherstellung

Nachdem die Planungsphase abgeschlossen ist, werden nun die Mailings erstellt. Für diese Aufgaben werden im Allgemeinen *Spezialisten* eingesetzt, die über die notwendige technische Ausstattung verfügen.

Die Druckerei wird zunächst *Maschinenandrucke* herstellen, das heißt, die Druckmaschinen werden gestartet, es wird eine kleine Anzahl von Werbemitteln produziert, die Anlage wird gestoppt und die gedruckten Werbemittel werden kritisch überprüft. Hier muss darauf geachtet werden, dass die Farben den Vorlagen entsprechen und die Texte an den richtigen Stellen erscheinen. Bei mehrfarbigem Druck müssen die einzelnen Farben korrekt übereinanderliegen, was durch sogenannte Passer geprüft werden kann.

Es ist sehr wichtig zu prüfen, dass die Zuordnung bei der *Personalisierung* und Individualisierung fehlerfrei erfolgte und die nachträglich eingefügte Personalisierung in der richtigen Zeilen- und Spaltenflucht erscheint.

Wenn alle Fehler beseitigt sind, beginnt die *Produktion* (der Druck) des Mailings mit seinen verschiedenen Bestandteilen:

- Versandhülle
- Brief
- Responseelement
- Prospekt
- Sonstige Beilagen

Falls die Prospekte oder die Versandhülle in einem anderen Arbeitsgang mit einer anderen Technik gedruckt wurden, werden diese in dem Lettershop zu dem Mailing zugesteuert.

Der sogenannte *Lettershop* hat die Aufgabe, aus der Rolle bedruckten Papiers ein Mailing zu machen. Dazu sind die folgenden Arbeitsschritte notwendig:

- Schneiden

- Falzen

- Kleben

- Heften

- Zusammentragen

- Verschließen

- Sortieren

- Frankieren

- Kuvertieren

- . . .

5.2. Werbemittelstreuung

Die Streuung des Werbemittels übernimmt im Falle des Mailings, von dessen Planung hier ausgegangen wird, die Post oder eine entsprechende Verteilerorganisation.

6. Kontrolle

6.1. Erfolgskontrolle

Das Direktmarketing hat den großen Vorteil, dass die Erfolgskontrolle relativ problemlos zu realisieren ist, wenn die Auswertung nicht zu sehr in die Tiefe gehen soll.

Die Kennziffer, die am einfachsten zu ermitteln ist und in der Praxis die größte Verbreitung gefunden hat, ist die Rücklauf- oder *Responsequote*. Sie berechnet sich durch die Division der Anzahl der Reaktionen auf eine Aktion durch die Anzahl der Aussendungen:

$$\text{Rücklaufquote} = \frac{\text{Anzahl der Reaktionen x 100}}{\text{Anzahl der Aussendungen}}$$

aufgelistet wird. Zusätzlich sollten in dieser Tabelle Spalten für relative (prozentuale) Rückläufe und Spalten für kumulierte Reaktionen vorgesehen sein.

Datum	Rückläufe		Rückläufe kumuliert	
	absolut	relativ	absolut	relativ
1.	50	0,05 %	50	0,05 %
2.	70	0,07 %	120	0,12 %
3.	100	0,10 %	220	0,22 %
4.	120	0,12 %	340	0,34 %
5.	140	0,14 %	480	0,48 %
6.	200	0,20 %	680	0,68 %
7.	250	0,25 %	930	0,93 %
. . .				
. . .				
. . .				
31.	40	0,04 %	3450	3,45 %

Abbildung 24: Aufbau einer Tabelle für die Eingangsstatistik

Das in der Tabelle dargestellte Beispiel geht von 100 000 versandten Mailings aus.

Zusätzlich zu den angegebenen Spalten lassen sich täglich zahlreiche *weitere Informationen* erfassen, die für das Unternehmen und seine Zielsetzung relevant sind: die Anzahl der unzustellbaren Mailings, der Absatz oder Umsatz, der Bestellwert, die Anzahl der abgeschlossenen Verträge.

Eine *grafische Darstellung* der täglich eingegangenen Reaktionen zeigt einen typischen Verlauf. Zunächst steigt die Kurve steil an, sie erreicht ihr Maximum und fällt dann mit einer geringeren negativen Steigung. Unabhängig von der Branche oder dem Inhalt des Mailings lässt sich in der Praxis immer wieder dieser typische Verlauf erkennen. Die Länge der Kurve und auch die Schwankungshöhe (Amplitude) können sich sehr stark unterscheiden, aber die mathematische Grundform ist immer sehr ähnlich. Die Kontrolle der Eingangsstatistik erleichtert die frühzeitige Beurteilung des Erfolges.

Etwa zwei bis drei Tage nach dem Erreichen des Maximums ist die sogenannte „Halbwertszeit", der Median, erreicht. Dieser Median ist so zu verstehen, dass zu diesem Zeitpunkt etwa die Hälfte aller insgesamt zu erwartenden Reaktionen eingetroffen ist.

Etwa zwei bis drei Tage nach dem Erreichen des Maximums ist die sogenannte „Halbwertszeit", der Median, erreicht. Dieser Median ist so zu verstehen, dass zu diesem Zeitpunkt etwa die Hälfte aller insgesamt zu erwartenden Reaktionen eingetroffen ist. Bereits einige Tage nach dem Erreichen des Rücklaufmaximums können somit schon zuverlässige Prognosen darüber abgegeben werden, welchen Rücklauf die Aktion erbringen wird, und ob sie erfolgreich abgeschlossen werden kann.

Die *Rücklaufquote* allein ist aber kein aussagefähiger Maßstab für den Erfolg einer Aktion, denn sie lässt sich mit einfachen Mitteln maximieren. Durch die Verwendung von Verstärkern wie Gewinnspielen, attraktiven Angeboten, Übernahme der Portogebühren durch den Empfänger oder aufwändige Werbemittel, lässt sich eine Steigerung des Rücklaufs erreichen.

Das Ziel einer Direktmarketing-Aktion dürfte aber nicht in einer Response-Maximierung liegen, sondern im Allgemeinen wird *Wirtschaftlichkeit* angestrebt. Neben der Rücklaufquote sind auch die *Kosten* der Aussendung zu beachten, die auf die Anzahl der Rückläufe verteilt werden.

$$\text{Kosten pro Auftrag} = \frac{\text{Gesamtkosten der Aussendung}}{\text{Anzahl der Aufträge}}$$

$$\text{Kosten pro Interessent} = \frac{\text{Gesamtkosten der Aussendung}}{\text{Anzahl der Interessenten}}$$

Diese Kennziffern beinhalten zwar neben der Anzahl der Rückläufe auch die Kosten der Werbeaktion, aber sie gibt noch keinen Aufschluss über die *Rentabilität*. Dazu müssten auch die Erträge berücksichtigt werden.

Der *Break-Even-Point* – die Gewinnschwelle – stellt auch im Direktmarketing die zentrale Erfolgskennziffer für die Wirtschaftlichkeit einer Aktion dar. Er gibt die erforderliche Reaktionsquote in Prozent des Aussendevolumens an, bei der die Kosten der Aktion durch die Erträge gedeckt werden. Ein Überschreiten dieses Wertes bedeutet Gewinn, ein Unterschreiten Verlust.

$$\text{BEP in \%} = \frac{\text{Aktionskosten pro Stück x 100}}{\text{Deckungsbeitrag pro Bestellung}}$$

Der Break-Even-Point stellt einen Soll-Wert dar, den man bereits vor der Aktion festlegen kann. Es ist der *Kostendeckungspunkt*, ab dem sich eine Aktion selbst trägt und die Gewinnzone erreicht wird.

Abbildung 26 verdeutlicht, dass die Ermittlung der Rücklaufquote mit zu den häufigsten Instrumenten zählen, die von Unternehmen zur Erfolgskontrolle eingesetzt werden. Dies ergab eine Befragung im Jahr 1998 von 176 Unternehmen im Zuge einer Untersuchung der Fachzeitschrift „Direkt Marketing".

→ Rücklauf- oder Responsequoten

→ Anzahl der Bestellungen/Interessenten/Neukunden/Vertragsabschlüsse

→ Umsatz

→ Kosten (pro Neukunde, pro Interessent)

→ Break-Even-Point

→ Gewinn

→ Image, Bekanntheitsgrad, Wiedererkennung

Abbildung 25: Erfolgskennziffern für Mailing-Aktionen

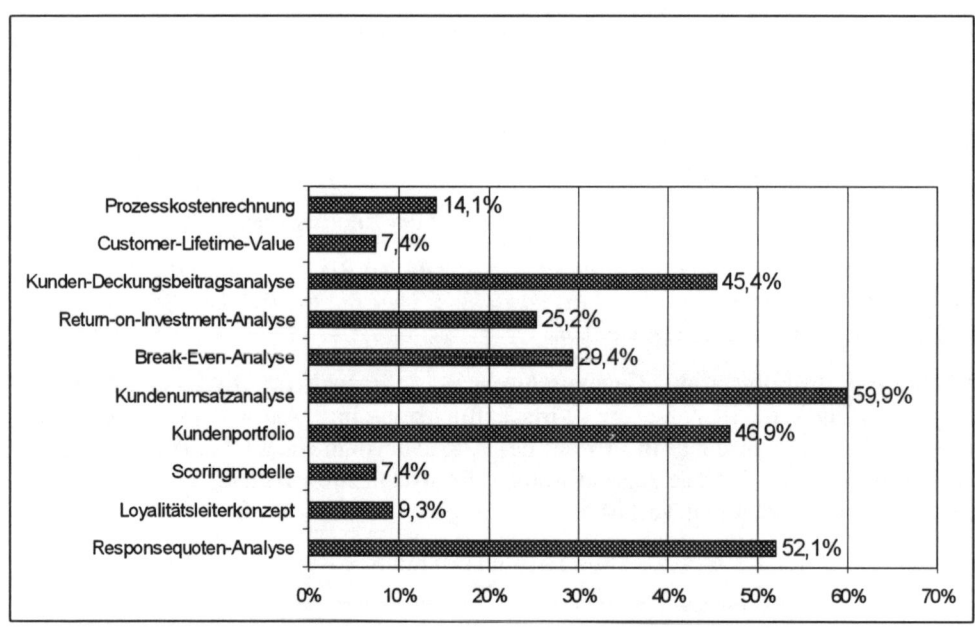

Abbildung 26: Der Einsatz verschiedener Instrumente zur Erfolgskontrolle
Quelle: Kehl, 2000, S. 15

6.2. Nachbearbeitung

Die Nachbearbeitung einer Aktion beinhaltet das Bearbeiten des Rücklaufs und die möglichst schnelle *Reaktion* darauf. Die Retouren, die unzustellbaren Briefe, müssen bearbeitet werden, um Fehler in der Datenbank zu beseitigen. Eventuelle Nachfass-Aktionen müssen geplant werden und Kapazitäten dafür bereitgestellt werden. Auch die Neuplanung und die Aktualisierung der Datenbank sollten in die Planung einbezogen werden.

C. Planung einer Direktmarketing-Aktion für den Schwab Versand

1. Der Versandhandel und der Schwab Versand

1.1. Besonderheiten des Versandhandels

Bedingt durch die räumliche Trennung zwischen einem Versandhandelsunternehmen und seinen Kunden und den Verkauf nach dem „Distanzprinzip" ist der Versandhandel der *Pionier des Direktmarketing.*

Die *Definition* des Begriffes „Versandhandel" wird nicht einheitlich gehandhabt. Dem *funktionalen Versandhandel* lassen sich Unternehmen zuordnen, die das Versandprinzip als ein Marktbearbeitungsprinzip neben anderen einsetzen. Dagegen versteht der *institutionale Versandhandel* den Versandhandel als eine spezielle Betriebsform des Einzelhandels.

Nachfolgend wird zum besseren Verständnis der Begriff „Versandhandel" anhand von charakteristischen Merkmalen veranschaulicht. Die *räumliche Distanz* zwischen dem Anbieter und Nachfrager, die es zu überwinden gilt, stellt dabei ein wesentliches Merkmal dar. Aus diesem Grund ist eine besondere Art der Absatzabwicklung erforderlich.

Die Angebote des Versandhandels erfolgen daher *medial* mit Hilfe von Katalogen, Prospekten, Anzeigen sowie anderen Formen der Direktwerbung, oder sie werden über Vertreter präsentiert. Die Bestellungen können sowohl direkt, also schriftlich, telefonisch oder elektronisch, als auch indirekt durch Einschaltung von Absatzhelfern erfolgen. Als Absatzhelfer dienen in der Regel Sammelbesteller, Vertreter im Nebenberuf, Katalogschauräume, Agenturen oder Verkaufsausstellungen. Hierbei versuchen Versandhandelsunternehmen ihre Geschäftsbeziehungen zum Kunden zu festigen, um dem Distanzkauf somit eine persönlichere Note zu verleihen.

Im Hinblick auf die *Auslieferung* der Ware kann diese entweder durch öffentliche oder private Transportunternehmen, durch betriebseigene Transportmittel oder teilweise wiederum auch unter Einschaltung von Absatzhelfern vorgenommen werden.

Diese recht weit ausgelegte Definition wird anhand der Art des Versandhandels und der Sortimentsstruktur differenziert. Ausgehend von der *Art des Versandhandels* wird unterschieden, inwiefern der Kontakt zum Kunden erfolgt. Kommt ein persönlicher Kontakt zustande, wird er als Vertreterversandhandel bezeichnet, findet das Angebot jedoch auf schriftlichem Weg durch Kataloge, Prospekte oder Mailings statt, dann zählt er zum Katalogversandhandel.

Ausgehend von der Sortimentsstruktur wird zwischen Universal- und Spezial-versandhandel unterschieden. Ein wesentliches Kennzeichen für den *Universal-versandhandel* besteht in seiner Breite und Tiefe des Sortimentsangebots, was in seiner Art mit dem eines Warenhauses vergleichbar ist. Der *Spezialversandhandel* hingegen beschränkt sich in einer relativ tiefen Sortimentsstruktur auf bestimmte Warengruppen, wie beispielsweise Wein oder Kosmetika, und ähnelt somit eher einem Fachgeschäft. Die folgende Abbildung 27 stellt die wesentlichen Unterscheidungskriterien nochmals dar. In diesem Zusammenhang wird der Schwab Versand, der diesem Kapitel zu grunde liegt, dem markierten Teil zugeordnet.

Versand-handelstyp	Institutioneller Versandhandel = Betriebstypen des Einzelhandels		Funktioneller Versandhandel =Versandprinzip
Art des Versand-handels	Katalogversandhandel (Kataloge, Prospekte, Werbedrucksachen etc.)	Vertreter-versand-handel	
Sortiments-struktur	Universal- oder Sortimentsversandhandel	Spezialversand-handel	

Abbildung 27: Formen des Versandhandels
              Quelle: Krechting, 1998, S. 9

1.2. Unternehmensprofil und Struktur des Schwab Versand

Die Geschichte des Schwab Versand reicht zurück bis zum *Jahr 1955*, als Friedrich Schwab mit dem Vertrieb von Schuhen den Schwab Versand gründete. Mit einem zunächst nur 34-seitigen Schwarzweiß-Katalog wurde schon im Gründerjahr die erste Umsatzmillion überschritten. Bereits 1958 erfolgte eine Ausweitung des Sortiments auf Mode und Hartwaren (beispielsweise Möbel oder Radiogeräte), das Sortiment umfasste etwa 2 000 Artikelpositionen.

Auf grund des stetigen Wachstums des Unternehmens wurde in den 60er Jahren eine für damalige Zeiten innovative Vertriebsform eingeführt, der Vertrieb über sogenannte *Sammelbesteller*. Bei den Sammelbestellern handelt es sich um Kunden, die als nebenberufliche Vermittler für den Versandhändler tätig sind. Sie übernehmen verkäuferische und logistische Aufgaben, indem sie Bestellungen ihrer Mitbesteller (Freunde oder Bekannte) entgegennehmen und sie an den Händler weiterleiten.

Neben dem Aufbau von 35 dezentralen Verkaufsstellen in verschiedenen Städten erfolgte der erste *Zusammenschluss* des Schwab Versand mit einem anderen Unternehmen, mit der SPAR Handelskette, aus der die SPAR Versand GmbH hervorging. Im Jahre 1966 erfolgte eine Umwandlung des Schwab Versand in eine Aktiengesellschaft mit der Singer Company als Hauptaktionär. Das erweiterte Sortiment wurde nun auch in Spezialkatalogen angeboten. Auf dem Weg zu einem internationalen Versandhandelskonzern erwarb im Jahre 1976 der *Otto Versand* mit einer Aktienmehrheit den Schwab Versand, wobei Schwab Versand seine rechtliche und wirtschaftliche Selbständigkeit behielt.

Im Jahr 1980 wurde ein *Speziallager* in Langenselbold gegründet, in welchem Schwab für die Abwicklung des Vertriebs der hängenden Konfektion für den gesamten Otto-Konzern verantwortlich war. So konnten Synergieeffekte durch die Arbeitsteilung im Konzernverbund konsequent genutzt werden.

In den 80er und 90er Jahren erfolgten weitere *Akquisitionen* durch Schwab. Dazu zählen das Versandhaus Witt in Weiden (Deutschland) sowie Moden Müller, aus der mittlerweile Otto GmbH Graz (Österreich) wurde, Otto B. V. in Tilburg (Holland), Otto in Budapest (Ungarn) und Rainbow in Graz (Österreich). Durch konzerninterne Umschichtungsmaßnahmen wurde diese letzte Akquisition 1997 an Bon Prix übergeben, welche ebenfalls dem Otto-Konzern angehört.

Schließlich kam es im Jahr 1996 zu einer rechtlichen Umwandlung der Schwab Versand Aktiengesellschaft in eine GmbH mit einer Mehrheitsbeteiligung des Otto Versand von über 99 Prozent. Der Schwab Versand bedient mittlerweile über *3 Millionen Kunden* und beschäftigt über 3 500 Mitarbeiter in vier verschiedenen Ländern. Der Konzernumsatz belief sich 1998 auf über 2,3 Mrd. DM. Die Druckauflage des aktuellen Hauptkatalogs von Schwab Versand beträgt derzeit ca. 2 Mio. Exemplare mit jeweils über 1 300 Seiten und ca. 100 000 Artikelpositionen (vgl. Otto Versand, 1998, S.28).

Der *Hauptkatalog* erscheint zweimal im Jahr, in der Regel im Januar und im Juli. Neben zahlreichen Spezialkatalogen ist der Hauptkatalog das „Schaufenster" des Schwab Versand und stellt somit den Kontakt zum Kunden her. Damit diese effizient beliefert werden können, profitiert Schwab Versand vom konzerneigenen *Hermes Versand* als Logistikdistributeur. Der vom Otto Versand im Jahr 1972 gegründete Hermes Versand betreibt eine von der Bundespost unabhängige Distribution an die Kunden. Mit bundesweit 64 Depots, ca. 3 000 Fahrzeugen und ungefähr 121 Mio. Sendungs-bewegungen pro Jahr zählt er zu den bedeutendsten Zustellorganisationen der Branche.

Schwab hebt sich im Vergleich zu anderen Wettbewerbern durch den Zustellservice und *vielfältige Dienstleistungen* ab, wie einem 24-Stunden-Service, der Lieferung nach Wunschtermin, einem Einrichtungsservice sowie dem technischen Kundendienst. Befördert werden nahezu alle Artikel, auch große und schwere. Es werden stetig weitere Dienstleistungen entwickelt und bestehende optimiert, um die Kundenbindung zu erhöhen.

Um anderen Wettbewerbern auch in Zukunft einen Schritt voraus zu sein, versucht Schwab Kundenerwartungen ständig zu übertreffen, die Modekompetenz zu erhöhen, sowie in ein jüngeres Marktsegment vorzudringen. Im Mittelpunkt steht die *Firmenphilosophie* der „individuellen Kundenbetreuung", um damit eine persönliche Beziehung zwischen Verbraucher und Versandhandel aufzubauen.

2. Planungsgrundlagen

2.1. Planung der Direktmarketing-Aktion

In den folgenden Kapiteln wird dargelegt, wie die Gestaltung eines Mailings entsprechend der theoretischen Darstellung in Teil A und B in der Praxis umgesetzt wurde; dies soll anhand einer *Direktmarketing-Aktion des Schwab Versand* exemplarisch verdeutlicht werden.

Nach einer Analyse der Ausgangssituation werden neben der Planung der Direktmarketing-Aktion, die den Ausgangspunkt für die Umsetzung bildet, auch die Database und die Kundenselektion erläutert. Außerdem wird untersucht, inwieweit rechtliche Bestimmungen bei einem Mailing beachtet werden müssen, wobei hier insbesondere auf die Nutzung von Gewinnspielen und Werbegeschenken eingegangen wird.

2.2. Ausgangssituation

Im Sommer 1999 führte die Schwab Versand GmbH eine Direktmarketing-Aktion zur *Reaktivierung* inaktiver Kunden durch. Die Aktion richtete sich an Kunden, die fünf bis maximal sieben Saisons (ca. drei Jahre) nicht mehr bestellt hatten. Die Hauptzielsetzung der Aktion bestand darin, diese Kunden wieder zu einer Bestellung zu veranlassen und dann ihre Bestellquote möglichst zu erhöhen. Basierend auf dieser Zielsetzung wurde ein Mailing entwickelt, welches beim Schwab Versand als *Flyer-AZA* (Aufforderung zur Anforderung) bezeichnet wird. Die Aufgabe bestand unter anderem darin, die entsprechende Zielgruppe auf den Hauptkatalog hinzuführen und zukünftige Bestellungen daraus zu forcieren.

An die inaktiven Kunden wurden insgesamt *750 000 Flyer-AZA* versandt, wobei die angeschriebene Zielgruppe zwei Möglichkeiten hatte, wieder aktiv zu werden. Entweder konnte sie aus dem dem Flyer-AZA beigefügten Prospekt sofort einen *Kauf* tätigen, oder sie hatte mittels einer beiliegenden Antwortkarte die Möglichkeit, den *Hauptkatalog* gratis anzufordern, aus dem dann eine Bestellungen aufgegeben werden sollte. Nur bei einer Bestellung wird der inaktive Kunde wieder in den aktiven Schwab Kundenstamm aufgenommen.

3. Strategieplanung

3.1. Strategische und operative Planung

Die *Planung* ist eine Grundvoraussetzung für die Effizienz einer jeden einzelnen Marketingaktivität. Innerhalb der Marketingplanung werden *strategische* Unternehmensziele beispielsweise im Hinblick auf Gewinn und Umsatz bestimmt und für das unternehmerische Handeln festgelegt. Hieraus werden *konkrete* Marketingziele, wie etwa Bekanntheitsgrad- oder Marktanteilserhöhung, abgeleitet.

Die *strategische Marketingplanung* stellt auch die generellen Rahmenbedingungen für Direktmarketing-Aktivitäten auf und gleichzeitig eine Verbindung zwischen Zielsetzung, Strategie und operativen Direktmarketing-Aktivitäten her. Die Planung bildet die Grundlage für einen *Soll-Ist-Vergleich* einer Direktmarketing-Aktion, wobei die Kontrolle in diesem Zusammenhang einen wesentlichen Beitrag zur Beurteilung von Erfolg oder Misserfolg der eingesetzten Direktmarketing-Maßnahmen liefert.

Beim *Schwab Versand* wurden im Rahmen der strategischen Planung unter anderem folgende Ziele definiert:

- Marktführerschaft im Bereich Damenoberbekleidung

- Genaue Positionierung im Markt und dahingehende Ausrichtung des Hauptkatalogs

Die *operative Zielsetzung* im Direktmarketing beinhaltet die Aufstellung kurzfristiger Ziele und die zu ihrer Erreichung notwendigen Direktmarketing-Maßnahmen. Dies erfordert auch eine Orientierung an den zuvor genannten strategischen Zielen. Das operative Ziel der hier untersuchten Direktmarketingaktion bestand in der *Reaktivierung* inaktiver Kunden.

So war die Marketingabteilung des Schwab Versand unter Beachtung dieses Zieles für die *systematische Planung* zuständig, die im Frühjahr 1999 stattfand. Diese beinhaltete die Definition der anzusprechenden Zielgruppe, die Bestimmung der Auflagenhöhe der Flyer-AZA sowie des Versandtermins und die Ermittlung der notwendigen Budgethöhe, wozu insgesamt ca. drei Wochen benötigt wurden.

Die Planung beim Schwab Versand erfolgt im Allgemeinen *saisonweise*, das heißt im Frühjahr/Sommer oder Herbst/Winter. Dies geschieht in der Weise, dass immer auf Basis der zurückliegenden „Spiegelsaison" die nächste Saison geplant wird. Somit würde für die Planung der Saison Frühjahr/Sommer 2001 die Saison Frühjahr/Sommer 2000 als Grundlage dienen. Diese Vorgehensweise ist darin begründet, dass ein Vergleich verschiedener Saisons (Frühjahr/Sommer 2001 mit Herbst/Winter 2000) auf grund einer abweichenden Sortimentsstruktur und eines anderen Versandtermins von Schwab und auch allgemein im Versandhandel als nicht sinnvoll erachtet wird.

3.2. Database-Marketing

Der Schwab Versand definiert *Database-Marketing* als ein Marketing auf der Basis kundenbezogener Daten, die in einer Kundendatenbank gespeichert sind.

Database-Marketing dient somit der Planung und Steuerung absatzpolitischer Maßnahmen mit dem Ziel, den richtigen Kunden zum richtigen Zeitpunkt ein individuelles Informations- beziehungsweise Leistungsangebot zu unterbreiten. Mit Hilfe der Datenbank ist für den Schwab Versand eine Kommunikation mit den Marketingzielgruppen möglich. Im Rahmen von Database-Marketing werden alle verfügbaren marketingrelevanten Kundendaten in der Datenbank gespeichert, analysiert und über eine Selektion für die Kommunikation mit den Kunden bereitgestellt. Die Kundendaten werden hierbei von Schwab in *vier Kategorien* klassifiziert:

1. Stammdaten

Die Stammdaten des Kunden bestehen aus: Name, Adresse, Postleitzahl, Telefonnummer, Geburtsdatum etc. (soziodemografische Daten).

2. Bewegungsdaten

Die Bewegungsdaten sind Daten bezüglich des Bruttobestellwertes des Kunden, seines Nachfrageverhaltens, der jeweiligen Retouren, der Bestellhäufigkeit und der Nachlieferungen.

3. Auftragsdaten

Die Auftragsdaten beinhalten einzelne Aufträge, die der Kunde an den Schwab Versand erteilt hat. Durch das Ausfüllen eines Erstbestellscheines des Kunden fließen wesentliche Daten hinsichtlich seines Auftrages wie auch seine Kontonummer in die Kundendatenbank. Damit wird nicht nur eine Identifikation des Kunden ermöglicht, sondern es werden auch die vom ihm gekauften Artikel ersichtlich. Die mit den Artikeln verbundenen vollständigen Auftragsdaten sind in der Auftragsdatenbank abgespeichert. Sie liefern Anhaltspunkte über den vom Kunden eingeschlagenen Bestellweg (schriftlich oder telefonisch), seine gewählte Zahlungsart (in bar, per Nachnahme, in Raten oder auf Zahlungsaufschub, sogenannte „Valuta"), und auch über seine Artikelwahl. Hiermit kann nachvollzogen werden, aus welchem Katalog und von welcher Seite ein bestellter Artikel stammt. Durch die Erhebung und Analyse dieser Informationen wird es Schwab möglich,

Veränderungen im Sortimentskaufverhalten des Kunden frühzeitig festzustellen, was wiederum für die Kundenselektion, die im Folgenden näher erläutert wird, von Bedeutung ist.

4. Kreditdaten

Die Kreditdaten enthalten Informationen über das Zahlungsverhalten des Kunden, wie Kontorückstände oder Zahlungseingänge. Hierdurch können Kundengruppen ermittelt werden, die eine schlechte Zahlungsmoral aufweisen. Diese Kunden erhalten daraufhin keine weiteren Werbemittel mehr zugesandt.

Database-Marketing bietet für den Schwab Versand auf grund der kundenbezogenen Daten die Möglichkeit, Direktmarketing-Aktionen *zielgerichteter* einzusetzen und durch die exakte Kundenbewertung Streuverluste zu reduzieren.

3.3. Definition der Zielgruppe

Eine Zielgruppe ist eine klar definierte Gruppe von potenziellen Käufern mit gemeinsamen Merkmalen, auf die sich eine Direktmarketing-Aktion ausrichten soll. Die Auswahl der anzusprechenden *Zielgruppe* bildet die Grundlage für eine erfolgreiche Direktmarketing-Aktion. Eine Faustregel besagt: „Besser ein schlechtes Mailing an die richtige Zielgruppe als ein gutes an die falsche."

Auch beim Schwab Versand wurde für die durchgeführte Direktmarketing-Aktion eine Zielgruppe bestimmt, die aus der bestehenden *Kernzielgruppe* selektiert wurde. Diese Kernzielgruppe fokussiert junge, modisch interessierte Frauen und Familien, die qualitätsbewusst sind sowie einen hohen Serviceanspruch stellen und dabei nach dem Sammelbesteller- und Einzelbestellergeschäft eingeteilt werden.

Bei dem *Einzelbestellergeschäft* handelt es sich um Kunden, die ausschließlich für sich selbst oder für ihre Familien bestellen und die vom Schwab Versand in die folgenden Gruppen eingeteilt werden:

- Direktbesteller erste Saison
- Direktbesteller zweite Saison
- Direktbesteller Alte Aktive (ab der dritten Saison)
- Direktbesteller Reaktivierung

Die Zielgruppe für die hier dargestellte Direktmarketing-Aktion bestand aus denjenigen Kunden der Gruppe *„Direktbesteller Reaktivierung"*, die seit mehreren Saisons inaktiv waren.

3.4. Kundenselektion

Da sich in der Kundendatenbank des Schwab Versand insgesamt ca. 3 Millionen Kundenkonten befinden, werden diese in Anlehnung an die *RFMR-Methode* nach bestimmten Kriterien vorselektiert. Bei der RFMR-Methode werden Kunden nach den folgenden Kriterien segmentiert:

1. Recency

Recency bedeutet „letztes Kaufdatum". Je weniger lang dieser Termin zurück liegt, desto höher ist der Punktwert, der dem Kunden zugeordnet wird.

2. Frequency

Frequency bedeutet „Kaufhäufigkeit", der Punktwert steigt mit der Anzahl der getätigten Käufe oder Bestellungen.

3. Monetary Ratio

Die Monetary Ratio bemisst den Kunden nach der Höhe des Umsatzes oder Bestellwertes, den dieser mit dem Unternehmen getätigt hat.

Die einzelnen Punkte in den Kategorien werden kumuliert und entscheiden beispielsweise über den *Werbemitteleinsatz*. Beispielsweise könnte eine Aussage lauten: „Jeder Kunde, der bei dem RFMR-Scoring mehr als 50 Punkte erzielt hat, wird mit dem neuen Katalog ausgestattet."

Vom Schwab Versand wird ein Kundenscoring entsprechend der RFMR-Methode als *„Aktivitätenraster der Einzelbesteller"* bezeichnet, das in der Abbildung 28 näher dargestellt wird. Weil es aus Kostengründen nicht möglich ist, jeden Kunden mit einem Hauptkatalog auszustatten, erhalten bei der Selektion nur diejenigen Kunden weiterhin den *Hauptkatalog*, die nur eine Saison mit der Bestellung ausgesetzt haben.

Diejenigen, die zwei oder vier Saisons nichts mehr bestellt haben, bekommen einen ca. 200 seitigen *Spezialkatalog* zugeschickt, und Kunden, die fünf bis maximal sieben Saisons inaktiv sind, erhalten letztendlich eine *Flyer-AZA* (Aufforderung zur Anforderung) zugesandt. Der Grund für einen solch späten Einsatz einer Flyer-AZA besteht darin, dass man zunächst versucht, die Zielgruppe mit Haupt- oder Spezialkatalogen zu reaktivieren. Wenn diese jedoch dann trotzdem keine Bestellungen tätigen, erhalten sie die Flyer-AZA, um weitere Kosten im Bereich der Werbemittelausstattung zu reduzieren.

Startwert	25 Punkte					
Letztes Kaufdatum	bis 6 Monate	bis 9 Monate	bis 12 Mon.	bis 18 Mon.	bis 2 Jahre	früher
	+ 40 Punkte	+ 25 Punkte	+ 15 Punkte	+ 5 Punkte	- 5 Punkte	- 15 Punkte
Häufigkeit der Käufe in den letzten 18 Monaten	Zahl der Aufträge multipliziert mit dem Faktor 6					
Ø Umsatz der letzten drei Käufe	bis 50 DM	bis 100 DM	bis 200 DM	bis 300 DM	bis 400 DM	> 400 DM
	+ 5 Punkte	+ 15 Punkte	+ 25 Punkte	+ 35 Punkte	+ 40 Punkte	+ 45 Punkte
Anzahl Retouren kumuliert	0 - 1	2 - 3	4 - 6	7 - 10	11 - 15	über 15
	0 Punkte	- 5 Punkte	- 10 Punkte	- 20 Punkte	- 30 Punkte	- 40 Punkte
Zahl der Werbesendungen seit letztem Kauf	Hauptkatalog je – 12 Punkte		Sonderkatalog je – 6 Punkte		Mailing je - 2 Punkte	

Abbildung 28: Beispiel zur RFMR-Methode
Quelle: Link, Hildebrand, 1993, S. 49

Das *Aktivitätenraster* der Einzelbesteller bei der Schwab Versand GmbH beinhaltet als Hauptkriterien der RFMR-Methode die Positionen „Letztes Kaufdatum" und „Kaufhäufigkeit".

Das „Letzte Kaufdatum" beinhaltet die letzten 4 Saisons (Halbjahre) und teilt die Kunden in aktiv (X) und inaktiv (-) ein. Somit können innerhalb des Aktivitätenrasters insgesamt 16 verschiedene Möglichkeiten auftreten, wie Abbildung 29 zeigt.

Rastercode:

	-1	-2	-3	-4	(Saisons)
01	X	X	X	X	
02	X	X	X	-	
03	X	X	-	X	
.					
.					
15	-	-	-	X	
					} =Reaktivierung
16	-	-	-	-	

Abbildung 29: Aktivitätenraster der Enzelbesteller bei Schwab Versand

Die „Kaufhäufigkeit" bewertet die Anzahl der Bestellungen innerhalb der aktiven (X) Saisons, wobei die am kürzesten zurückliegende Saison am höchsten bewertet wird.

Eine *Bestellhäufigkeit* von mehr als fünf wird in der Berechnung jedoch nur mit einem Wert von fünf angesetzt, da Schwab-Kunden, die beispielsweise sieben Mal bestellt haben, qualitätsmäßig auf der gleichen Ebene einstuft werden wie diejenigen, die „nur" fünf Mal bestellt haben. Dies ist darauf zurückzuführen, dass aus Erfahrungswerten in diesem Segment keine signifikante Qualitätssteigerung mehr festgestellt werden konnte.

Für die Ermittlung des *Score-Wertes* werden die einzelnen Saisons von Schwab unterschiedlich *gewichtet*, wobei die Saison –1 (aktuellste Saison) den höchsten Wert mit 60 Prozent erhält. Aus Gründen der Überschaubarkeit sind die Prozentsätze jedoch durch 10 dividierbar. Dies soll an einem ausgewählten Beispiel, welches sich auf die dritte (03) Möglichkeit bezieht, in Abbildung 30 veranschaulicht werden.

-1	-2	-3	-4	(Saisons)
X	X	-	X	(Aktivität siehe oben)
3	4	0	2	(Anzahl Bestellungen)
60 %	20 %	10 %	10 %	(Gewichtung)
= 6	=2	=1	=1	(Berechnungswert)
3 * 6	4 * 2	0 * 1	2 * 1	(Anz.Best. * Wert)
=18	=8	=0	=2	(Saisonpunktewerte)
= 28				(**Summe der Saisonpunkte**)

Abbildung 30: Berechnung des Score-Wertes beim Schwab-Versand

Der für die *Kundenselektion* relevante Wert ist somit für das Beispiel der Scorewert 28. Anhand des ausgewählten Beispiels wird deutlich, dass Schwab seine Kundenselektion in enger Anlehnung an die RFMR-Methode vornimmt.

In Bezug auf das oben beschriebene Aktivitätenraster wäre die *Zielgruppe* für die hier untersuchte Direktmarketing-Aktion die 16. Möglichkeit, wobei der Scorewert Null beträgt.

4. Detailplanung

4.1. Tests

Der Schwab Versand führte mit der Flyer-AZA einen *Werbekonzeptionstest* durch, welcher schon über mehrere Saisons hinweg verfolgt wurde. Ziel war es, durch das Testen einzelner Bestandteile bei drei verschiedenen Mailings die optimale Version für die darauf folgende Saison zu finden. Zum einen wurde das schon bewährte Basismailing eingesetzt, das sich auch in der Vorsaison als beste Version mit den höchsten Rücklaufquoten herausgestellt hatte. Zum anderen wurden zusätzlich zwei neue *Testmailings* für Optimierungsversuche konzipiert, die auf Grundlage des Basismailings erstellt wurden, um mit diesen in der nächsten Saison möglichst eine Steigerung der Rücklaufquoten zu erzielen.

Basismailing:

Das Basismailing versprach zum einen ein kleines *Werbegeschenk* in Form eines Schlüsselanhängers, wenn der Interessent den Hauptkatalog von Schwab anforderte oder aus dem beiliegenden Prospekt eine Bestellung tätigte, zum anderen ein *Gewinnspiel* mit „*Early-Bird*" (Beschleunigungs)-Funktion. Der Interessent musste hierbei eine „Glücksfrage" beantworten und konnte bei richtiger Antwort einen Warengutschein über 100 DM gewinnen, jedoch nur dann, wenn er zu den ersten 111 Einsendern gehörte. Die Zielsetzung dieses Gewinnspiels bestand darin, den Kunden zu einer schnellen Reaktion zu animieren, wobei Schwab davon ausging, dass er in diesem Zusammenhang auch Interesse an dem Hauptkatalog zeigen und hoffentlich in Zukunft Bestellungen daraus vornehmen würde.

Des Weiteren bestand das Basismailing aus einem *Prospekt*, einem kleinformatigen Beilagenzettel, der sogenannten „Kick-Out-Beilage", sowie einem Adressträger mit integriertem Werbebrief und Antwortkarte.

Testmailing 1:

Das Testmailing 1 war in seinen Bestandteilen identisch mit denen des Basismailings, wobei hier jedoch statt eines Schlüsselanhängers als *Werbegeschenk* ein Notizbuch getestet wurde.

Testmailing 2:

Im Testmailing 2 wurde zusätzlich ein sogenannter „*Orderstarter*" eingesetzt. Es handelte sich hierbei um ein preisgünstiges Angebot zur Bestellaktivierung der Kunden. In diesem Fall wurde eine Uhr zum besonders günstigen Preis von 15 DM angeboten. Die restlichen Bestandteile und Inhalte waren wiederum identisch mit denen des Basismailings.

Die unterschiedlichen Varianten des Mailings wurden in einer *Auflage* von je 250 000 Stück an die gleiche Zielgruppe am gleichen Versandtermin verschickt. Um eine eindeutige Zuordnung der Ergebnisse erzielen zu können, achtete man darauf, dass jeweils *nur ein* gestalterischer Bestandteil des Mailings verändert wurde. Hierbei versuchte man die optimale Ansprache der Zielgruppe herauszufiltern, um die Version mit den höchsten Rücklaufquoten zu finden.

Mit einer eigenen *Codierung* jeder Antwortkarte konnte schließlich überprüft werden, welche Version der Flyer-AZA die besseren Responsequoten erzielt hatte. Folglich kann in der kommenden Saison die Version mit den besseren Ergebnissen dann wiederum als Basismailing eingesetzt werden.

Die *Ergebnisse* haben gezeigt, dass keines der drei Mailings signifikante Unterschiede bezüglich der Responsquote aufwies, sodass in der darauf folgenden Saison wiederum Optimierungsversuche gestartet werden.

4.2. Realisationsplanung

Die Realisationsplanung stellt eine wichtige Voraussetzung für den reibungslosen und schnellen Ablauf von Direktmarketing-Aktionen dar. Eine Basis dafür ist ein präziser

Zeitplan, in dessen Mittelpunkt das *Aktions-Timing* steht. Hierin wird die zeitliche Aufeinanderfolge der einzelnen Arbeitsschritte der Aktion genau fixiert. Darüber hinaus müssen die für die Abwicklung notwendigen Ressourcen bestimmt werden, beispielsweise für Adressenbereitstellungen oder für Entwicklung und Produktion der Werbemittel.

Im Rahmen der vom Schwab Versand durchgeführten Direktmarketing-Aktion wurde der *Zeitpunkt* für die Aussendung der Mailings auf Ende Juni 1999 festgelegt.

Zu dieser Zeit ist fast immer eine auffallende Zurückhaltung von Werbeaktivitäten festzustellen, da angenommen wird, dass sich die meisten Bundesbürger im Urlaub befinden. Andererseits haben Untersuchungen ergeben, dass sich im allgemeinen nur etwa 10 Prozent der Bevölkerung *gleichzeitig im Urlaub* aufhalten. Im Hinblick auf diese Erkenntnis ist festzustellen, dass Schwab also einen besonders günstigen Zeitpunkt wählte, um eine hohe Aufmerksamkeit zu erlangen.

Für das Unternehmen bedeutet dies ein zusätzliches Aufkommen an Kataloganforderungen beziehungsweise Sofortbestellungen, sodass hierfür entsprechende *Kapazitäten* zur Verfügung gestellt werden sollten.

Dem richtigen *Timing* kommt eine besondere Beachtung zu, da erfahrungsgemäß von diesem 20 Prozent des Erfolgs abhängen.

Bei der Realisationsplanung sollten für auftretende Zwischenfälle innerhalb der einzelnen Arbeitsschritte ausreichende *Pufferzeiten* einkalkuliert werden.

Schwierigkeiten können beispielsweise bei der Produktion auftreten, oder es kann sich bei der Überprüfung der werberechtlichen Voraussetzungen herausstellen, dass möglicherweise Werbetexte geändert werden müssen. Außerdem kann es auch zu Verzögerungen kommen, wenn mit externen Dienstleistern wie Werbeagenturen, Druckereien, Lithografieanstalten, Lettershops zusammengearbeitet wird und bei diesen unvorhersehbare Probleme auftreten. Für solche Fälle ist eine *permanente Kommunikation* sowohl innerhalb des Unternehmens als auch mit den externen Dienstleistern sicherzustellen. Es gilt, bei möglichen Zeitverschiebungen alle Beteiligten umgehend über die nachfolgenden Produktionsschritte zu informieren, um somit einen reibungslosen Ablauf der Aktion zu gewährleisten.

Auch der Schwab Versand legte die einzelnen Planungsschritte für die Direktmarketing-Aktion in einem *Terminplan* fest, der in der Abbildung 31 dargestellt ist.

Zunächst wurde zu Saisonanfang eine interne *Vorabstimmung* der Marketingabteilung über die zu erreichenden Ziele sowie Auflagen und Budgetierung vorgenommen. Da die Verkaufsförderungsabteilung (VF-Abteilung) für die Umsetzung der Mailing-Aktion verantwortlich war, überprüfte diese, ob die Zielvorgaben der Marketingabteilung bei dem geplanten Budget zu realisieren seien.

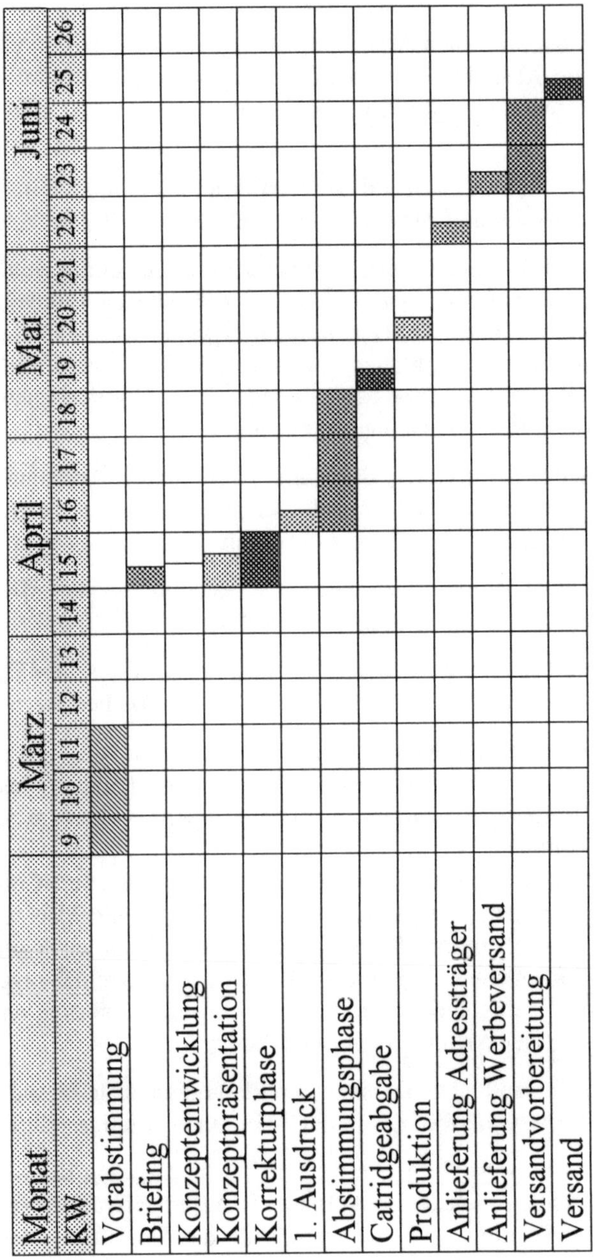

Monat	März					April				Mai					Juni			
KW	9	10	11	12	13	14	15	16	17	18	19	20	21	22	23	24	25	26
Vorabstimmung	▓	▓	▓															
Briefing																		
Konzeptentwicklung							▓											
Konzeptpräsentation							▓											
Korrekturphase								▓										
1. Ausdruck								▓										
Abstimmungsphase									▓	▓								
Catridgeabgabe											▓							
Produktion												▓	▓	▓				
Anlieferung Adressträger																		
Anlieferung Werbeversand															▓			
Versandvorbereitung																▓		
Versand																	▓	

Abbildung 31: Terminplanung der Direktmarketing-Aktion von Schwab

Hierbei übernahm die *Kostenplanung* eine wesentliche Rolle. Zunächst wurden bei der Planauflage die Kosten pro Mailing berechnet. Anhand der Stückkosten und der geplanten Response wurde die Auflage festgelegt und mit dieser ein *Kostenfeinplan* erstellt.

Inzwischen erfolgten die *Zielgruppenvorgaben* von der Marketing- an die EDV-Abteilung, die bei Schwab für die Adressenbeschaffung und -qualifizierung zuständig ist. Aus den strategischen und inhaltlichen Marketingvorgaben wurde nach Abstimmung mit der Verkaufsförderungsabteilung ein *Briefing* erstellt. In diesem waren alle für die Umsetzung der gesamten Direktmarketing-Aktion relevanten Informationen wie Zielsetzung, inhaltliche Vorgaben, Bestandteile des Mailings enthalten. Eine externe *Werbeagentur* wurde damit beauftragt, anhand dieser Vorgaben einen ersten Konzeptionsvorschlag für das Mailing zu entwickeln und zu präsentieren. Dieser wurde inhaltlich (Umsetzung der strategischen Vorgaben) sowie vom Lay-Out (Farben, „Schwab-Auftritt", Anordnung von Bild und Text etc.) geprüft und abgestimmt.

Nach Verabschiedung der Konzeption erfolgte ein *erster Ausdruck* der verschiedenen Mailing-Versionen. In der darauf folgenden Phase wurde nach interner Abstimmung, Modifikation und Genehmigung (inklusive juristischer Prüfung) von der Agentur ein Datenträger erstellt, der „Cartridge" oder auch Reinzeichnung genannt wird. Auf diesem *Datenträger* befindet sich eine Datei, die alle relevanten Angaben wie Format, Farbe, Schrifttyp, Bildmaterial, Raster etc. für die Bestandteile des Mailings umfasst.

In der Zwischenzeit hatte die Schwab Produktionsabteilung bei externen Lithografiefirmen und Druckereien *Angebote* bezüglich der Produktion des Mailings eingeholt. Anschließend wurde die Cartridge, die als Vorlage zur Erstellung eines „Proofs" (Andruck) dient, von der Produktionsabteilung an eine ausgewählte Lithografieanstalt übergeben. Der *Andruck* stellt im Gegensatz zu den Ausdrucken der Werbeagentur eine farbverbindliche Vorlage dar.

Nach Textstand-, Bild- und Farbkorrektur wurden die Proofs freigegeben und die vierfarbigen *Druckfilme* (Black = schwarz, Cyan = blau, Yellow = gelb, Magenta = rot) erstellt. Eine Druckerei wurde damit beauftragt, die Bestandteile des Mailings zu *produzieren* und zum vereinbarten Termin beim Schwab Versand anzuliefern.

Im Schwab Rechenzentrum wurden die Adressträger für den Seriendruck *personalisiert*. Zunächst wurde der Adress- und Textstand geprüft, damit später die Adresse präzise im Fenster der Versandhülle erscheint. Anschließend erfolgte im Schwab Werbeversand die *Weiterverarbeitung* der Mailingbestandteile: schneiden, falzen, kuvertieren, postvorsortieren. Hierfür wurde eingangs ein *Mustermailing* mit allen Bestandteilen als Falzmuster vorgegeben und überprüft.

Dies war notwendig, weil sich bei falschem Falzen der Adressbestand hätte verschieben können und folglich Gefahr bestand, dass die Adresse in der Versandhülle nicht mehr genau erkennbar gewesen wäre. Nach der *Falzmusterfreigabe* kam es zu Verarbeitung und zum termingerechten Versand der Mailings.

Während des gesamten Ablaufs wurden alle maßgeblich Beteiligten permanent über jeden Arbeitsschritt *informiert,* um bei eventueller Zeitverschiebungen rechtzeitig intervenieren zu können. Nur so konnte ein reibungsloser Ablauf der gesamten Direktmarketing-Aktion gewährleistet werden.

4.3. Kommunikations-Instrumente und integrierte Kommunikation

Hinsichtlich der durchgeführten Direktmarketing-Aktion verwendete der Schwab ein *Mailing,* um damit bereits bestehende Kunden wieder zu aktivieren.

Die *Konzeption* dieses Mailings wird im Folgenden näher dargestellt.

Bei der beschriebenen Direktmarketing-Aktion versuchte Schwab ein einheitliches *Erscheinungsbild* zu gewährleisten, was unter anderem durch das Firmenlogo und den Slogan „Mehr für mich" geprägt wurde. Deshalb hatten die überwiegenden Bestandteile des Mailings eine einheitliche *Grundgestaltung,* wodurch es dem Empfänger vereinfacht wurde, diese sehr schnell mit dem Schwab Versand zu assoziieren. So konnte die Verwechslungsgefahr mit anderen Werbebriefen verhindert werden und langfristig gesehen ein Wiedererkennungseffekt eintreten.

4.4. Gestaltung des Mail-Order-Package

4.4.1. Bestandteile des Mailings

Jeder Bestandteil des Mailings übernimmt bestimmte Funktionen, die in Abbildung 17 zusammengefasst sind.

- Der *Versandumschlag* schützt nicht nur den Inhalt auf dem Versandweg, sondern hat auch eine Aufmerksamkeitsfunktion, die den Einstieg in das Mailing unterstützen soll.

- Der *Werbebrief* stellt den Kontakt zwischen dem Empfänger und dem Unternehmen her und führt das „Verkaufsgespräch".

- Mit Hilfe des *Prospektes* wird dem Kunden oder Interessenten das Angebot des Unternehmens unterbreitet, hier werden die Detailinformationen vermittelt.

- Da das Mailing das Ziel hat, eine Reaktion zu erzeugen, ist das *Responseelement* notwendig, um die Antwort zu erleichtern und zu transportieren.

Das klassische Mail-Order-Package besteht aus einem portogünstigen Standardbrief im Format C 6 bzw. Lang-DIN-Format mit einem Gewicht von unter 20 Gramm.

Bei der hier beschriebenen Direktmarketing-Aktion des Schwab Versand wurde den inaktiven Kunden ein *Mailing* zugesandt, das aus folgenden *Komponenten* bestand:

- Versandumschlag

- personalisierter Adressträger, der gleichzeitig als Antwortkarte fungierte

- Prospekt

- kleinformatiger Beilagenzettel, die sogenannte „Kick-Out-Beilage"

Die wesentlichen Bestandteile mit ihren *Gestaltungselementen* sollen in den nachfolgenden Ausführungen näher analysiert werden. Zunächst erfolgt eine kurze Beschreibung des oben erwähnten „Stuffer" bzw. der „Kick-Out-Beilage".

Die *„Kick-Out-Beilage"* stellte kurz und prägnant einige wesentliche Vorteile des Angebotes für den Kunden heraus. Im vorliegendem Fall wurden beispielsweise die aktuellsten Trend-Tipps, der Bestellservice, der an keine Zeitrestriktionen gebunden ist „Bestellung rund um die Uhr", der 24-Stunden-Lieferservice sowie die Ratenzahlung erwähnt (siehe Abbildung 32).

Damit wurde versucht, den Kunden mit Nachdruck auf die *Vorteile* hinzuweisen, die der Schwab Versand ihm bietet, gleichzeitig erhielt der Kunde so eine Art „letzte Mahnung". Wenn er jetzt nicht reagiert, erhält er keine weiteren Kataloge mehr vom Schwab Versand.

4.4.2. Versandumschlag

Das *Kuvert* der Mailing-Aktion bestand aus einem Sonderformat mit Fensterumschlag und ist in Abbildung 33 abgedruckt.

Für die *kreative Gestaltung* von Versandumschlägen bestehen große Freiräume, es sind aber einige begrenzende *Postvorschriften* zu beachten. Grundsätzlich sind bei Standardsendungen das Format des Feldes der gedruckten Freimachung, Fensterstand und -größe und die nutzbare Werbefläche vorgeschrieben. Demnach beansprucht die Post eine Fläche von 74 mm vom rechten Rand, ferner auf der unteren Kante eine Codierzone von 15 mm, damit ergänzende Bemerkungen der Post wie etwa Strichcodes für die Anschriftencodierung lesbar sind.

Die werbliche Gestaltung des Kuverts deutet dem Empfänger schon von außen an, dass es sich um eine *Werbesendung* handelt. Dies ist vor allem durch die Abbildung des Hauptkataloges mit seinen zwei *Headlines* „Holen Sie sich Ihren Neuen" und „Gratis" ersichtlich, die mit roten plakativen Buchstaben zur Reaktion auffordert. Schwab wollte auf diesem Weg die Neugierde des Empfängers wecken und ihn somit zum Öffnen des Versandumschlages animieren.

Die *Empfängeradresse* wurde auf der Antwortkarte eingelasert und ist im Brieffenster deutlich sichtbar. Dabei wurde der richtigen Personalisierung mit korrekter Schreibweise des Namens und der Vollständigkeit der Anschrift besondere Beachtung geschenkt, um eine Verärgerung beim Kunden auszuschließen.

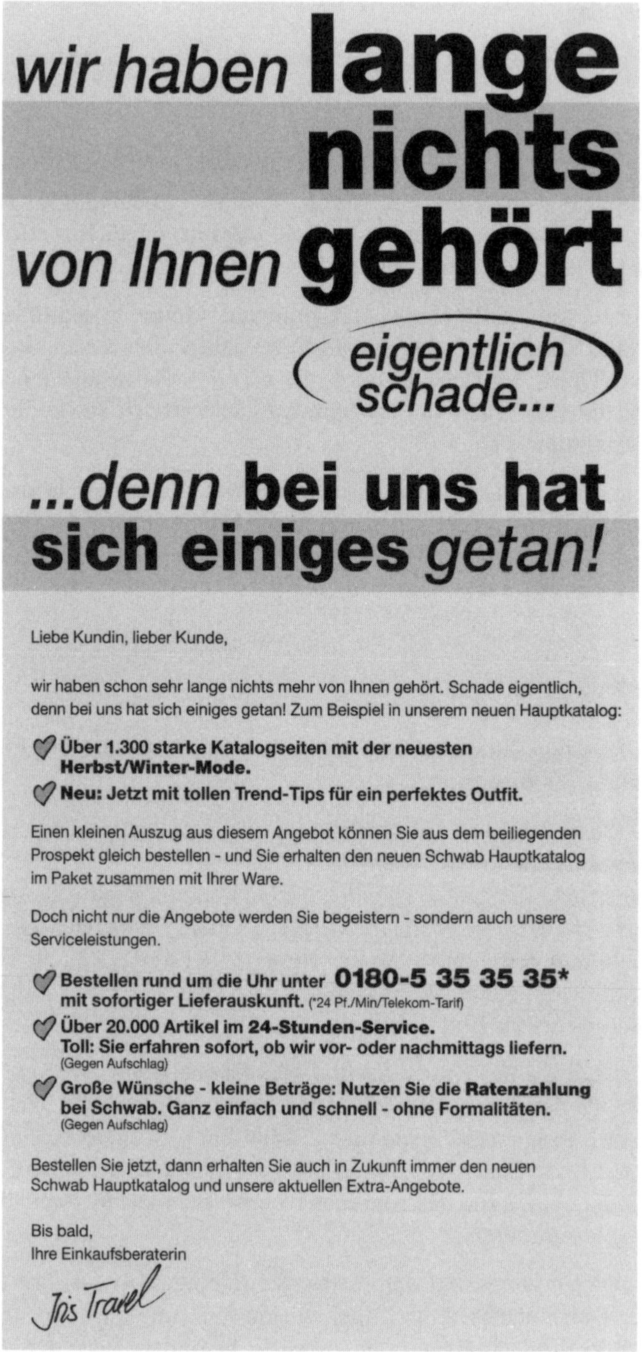

wir haben **lange**
nichts
von Ihnen **gehört**

(eigentlich schade...)

...*denn* **bei uns hat**
sich einiges *getan!*

Liebe Kundin, lieber Kunde,

wir haben schon sehr lange nichts mehr von Ihnen gehört. Schade eigentlich, denn bei uns hat sich einiges getan! Zum Beispiel in unserem neuen Hauptkatalog:

- **Über 1.300 starke Katalogseiten mit der neuesten Herbst/Winter-Mode.**
- **Neu: Jetzt mit tollen Trend-Tips für ein perfektes Outfit.**

Einen kleinen Auszug aus diesem Angebot können Sie aus dem beiliegenden Prospekt gleich bestellen - und Sie erhalten den neuen Schwab Hauptkatalog im Paket zusammen mit Ihrer Ware.

Doch nicht nur die Angebote werden Sie begeistern - sondern auch unsere Serviceleistungen.

- **Bestellen rund um die Uhr unter 0180-5 35 35 35* mit sofortiger Lieferauskunft.** (*24 Pf./Min/Telekom-Tarif)
- **Über 20.000 Artikel im 24-Stunden-Service. Toll: Sie erfahren sofort, ob wir vor- oder nachmittags liefern.** (Gegen Aufschlag)
- **Große Wünsche - kleine Beträge: Nutzen Sie die Ratenzahlung bei Schwab. Ganz einfach und schnell - ohne Formalitäten.** (Gegen Aufschlag)

Bestellen Sie jetzt, dann erhalten Sie auch in Zukunft immer den neuen Schwab Hauptkatalog und unsere aktuellen Extra-Angebote.

Bis bald,
Ihre Einkaufsberaterin

Iris Travel

Abbildung 32: „Kick-Out-Beilage“

Abbildung 33: Versandumschlag

Bei der *Frankierung* wurde die Form der Datenverarbeitungs (DV)-Freimachung gewählt, das heißt auf dem Kuvert erfolgt ein Hinweis, dass die Freimachung im „Fenster" vorgenommen wurde. Das Datum sowie das Porto mussten hierbei direkt auf die Antwortkarte gelasert werden, wobei der Schwab Versand auf diese Weise sogar auch noch einen einprozentigen Rabatt bei der Post in Anspruch nehmen konnte.

Die Verwendung einer *Briefmarke* gilt als teuerste Freimachungsform. Sie vermittelt dem Empfänger einen Eindruck von Individualität, sollte allerdings nur besonderen Anlässen vorbehalten bleiben, da sich die Mehrkosten nicht in jedem Fall auszahlen.

Mit einem Vermerk auf dem Umschlag (*Nachsendevermerk*) kann veranlasst werden, dass nicht zustellbare Sendungen zurück- oder nachgesendet werden, was allerdings für den Absender mit entsprechenden Kosten verbunden ist. Ohne Abdrucken dieses Vermerks besteht aber seitens der Post keine Rücksendepflicht. Schwab druckte den Nachsendevermerk auf den Umschlag, um die Möglichkeiten einer Adressaktualisierung zu nutzen.

Die *Rückseite* des Versandumschlags wurde ebenfalls werblich bedruckt. Als Blickfang (*Eye-Catcher*) benutzt Schwab in Verbindung mit diversen bunt gestalteten Headlines einen *Warengutschein* in Form des 100-DM-Geldscheines für das bereits erwähnte „Early-Bird-Gewinnspiel". Hierbei wurde lediglich die obere Gesichtshälfte – die Augen der „Clara Schumann" — hervorgehoben, wodurch die Aufmerksamkeit zusätzlich erhöht werden sollte.

Durch den Einsatz des „*Early-Bird-Gewinnspiel*" wollte der Schwab Versand beim Interessenten Zeitdruck erzeugen und ihn für seine schnelle Antwort auf die „Glücksfrage" belohnen. Mittels einer großformatigen Headline „Schnell sein und gewinnen" wurde ein möglicher Gewinn versprochen, um damit wiederum das Interesse auf den Inhalt des Mailings zu wecken.

Als zusätzlicher *Eye-Catcher* wurden bei dem Basismailing und dem Testmailing 2 ein blauer Schlüsselanhänger und bei der Testmailing 1 ein Notizbuch abgebildet (vgl. Abbildung 34).

Darüber hinaus wurden das *Schwab-Firmenlogo* sowie der Slogan „Mehr für mich" von Schwab sichtbar auf dem Umschlag angebracht, sodass der Empfänger sofort den Absender wiedererkennen konnte.

Abbildung 34: Testmailing 1

4.4.3. Werbebrief

Bei dem Werbebrief handelt es sich um einen *Originalbrief*, also einen komplett mit dem Laserdrucker geschriebenen Brief, der mit der Antwortkarte kombiniert wurde. Er bildete somit keinen eigenständigen Bestandteil des Mail-Order-Package und verfügte auch nicht über die Maße eines DIN-A4 Formates (vgl. Abbildung 35).

Hinsichtlich der Aufmachung des Briefes ist nun zu prüfen, ob die *Gestaltungsregeln* eingehalten wurden, die den Erfolg einer Direktmarketing-Aktion ausmachen.

Die *persönliche Anrede* und den Brieftext ließ Schwab im Laserverfahren drucken (Originalbrief), womit der individuelle Eindruck beim Leser gewahrt wurde.

Zur Darstellung des Brieftextes ist zu bemerken, dass der Werbebrief durch eingebaute *Absätze*, die benutzte Schriftart sowie Unterstreichungen angenehm und gut lesbar ist. An dieser Stelle ist zu erwähnen, dass für die *Typografie* entgegen den allgemeinen Empfehlungen kein Schrifttyp mit betonten Serifen sondern eine Arial Schriftart gewählt wurde. Dies ist darauf zurückzuführen, dass der Schwab Versand aus Gründen der Einheitlichkeit überwiegend serifenlose Schrifttypen verwendet.

Es wurde bewusst darauf geachtet, wenig zu *unterstreichen*, um den wesentlichen Kundennutzen besonders hervorzuheben und nicht in der Informationsflut untergehen zu lassen. Dies zeigt sich vor allem durch einzeln unterstrichene Begriffe, wie „gratis" oder „gewinnen", die beim Leser Aufmerksamkeit und Neugierde erzeugen und ihn dazu motivieren sollen, den ganzen Text zu lesen.

Der *Briefkopf* des Werbebriefes besteht aus dem Schwab-Logo, wobei die werbliche Gestaltung insbesondere durch dessen weinrote Farbe und Schriftgröße ins Auge fällt und sich somit vom übrigen Brieftext abhebt.

Der *Brieftext* ist kurz und prägnant gehalten und weist auf die besonderen Hauptvorteile für den Kunden bezüglich Werbegeschenk und „Early-Bird-Gewinnspiel" hin. Darüber hinaus wird durch den Einstiegssatz „Ihr Neuer Schwab Hauptkatalog wartet bereits auf Sie" auf diesen hingewiesen, um das Interesse des Lesers zu wecken. Dies wird unter anderem durch die persönliche Ansprache und das Wort „Ihr" verstärkt. Somit soll dem Kunden das Gefühl vermittelt werden, dass der Hauptkatalog mit den neuesten Trendmoden nur *für ihn* bestimmt ist. Außerdem werden dem Kunden besondere Vorteile versprochen, etwa der 24-Stunden-Service sowie neueste Trendmode zu günstigen Preisen.

Im weiteren Textverlauf spiegelt sich der Sprachstil gemäß der *KISS-Formel* wider, was durch die Verwendung von leicht verständlichen Ausdrücken erzielt wird.

Die *Unterschrift* ist gut leserlich und wurde in blau mit Vor- und Nachnamen signiert. Dadurch verstärkt sich beim Leser der Eindruck eines persönlichen Briefes. Zusätzlich wird der Name des Absenders in Druckbuchstaben wiederholt.

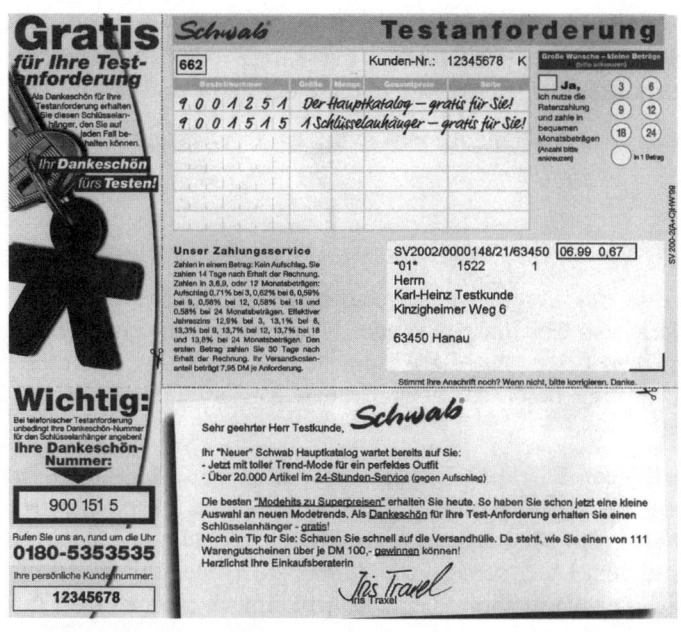

Abbildung 35: Werbebrief und Antwortkarte (Basismailing)

Es handelt sich beim Namen um eine real existierende Person, die bei Schwab als Einkaufsberaterin beschäftigt ist, sodass der Kunde oder Interessent bei sämtlichen Fragen die Möglichkeit hat, sich direkt an diese Beraterin zu wenden.

Das *Postskriptum* wird aus Platzgründen in diesem Brieftext nicht eingesetzt.

4.4.4. Prospekt

Um das Interesse des Lesers zu steigern, bietet es sich weiterhin an, *aktivierende Elemente* in Form von Gewinnspielen oder Preisausschreiben einzubeziehen. Durch die Interaktion mit dem Leser, also die Ansprache des *Spieltriebs*, soll dieser sich längere Zeit mit dem Mailing beschäftigen und möglichst durch das Spiel an die Angebote geführt werden.

Bei der beschriebenen Direktmarketing-Aktion liegt dem Mail-Order-Package ein 27-seitiger *Prospekt* aus glänzendem Papier bei. Der gesamte Prospekt besteht überwiegend aus farbigen *Fotos* (mit Models), die dazu dienen, das Schwab-Modeangebot visuell zu präsentieren und dem Leser somit einen Anreiz zur Bestellung zu geben. Der Prospekt beinhaltet einige Detailaufnahmen, die die Artikel noch genauer oder in verschiedenen Farbtönen aufzeigen.

Die günstigen Preise der Artikel werden durch eine Hervorhebung des Preises betont, wobei diese in der Farbe pink groß und auffallend in *Preissymbolen* besonders herausgestellt sind. Zusätzlich wird auf jeder Doppelseite die *Telefonnummer* abgebildet, um somit dem Interessenten eine Reaktion und die Warenbestellung zu vereinfachen.

Die *Texte* zu den Abbildungen sind relativ kurz gehalten und die Artikel hinsichtlich Größe, Farbe, Preis etc. beschrieben. An dieser Stelle wird bewusst darauf geachtet, dass die Angaben vollständig, richtig und vor allem für den Kunden verständlich sind und dabei die gleiche Typografie wie im Werbebrief verwendet wird.

Auf der *Titelseite* des Prospektes wird neben dem Firmenlogo des Schwab Versand eine plakative Headline, „Modehits zu Superpreisen" und ein Foto eines Models abgebildet. So kann dem Leser ein Ausblick auf den Prospekt-Inhalt gewährt und durch Abbildung der Telefonnummer der Interessent zu einer Reaktion aufgefordert werden (vgl. Abbildung 36).

Zusätzlich ist auf der Titelseite ein *Gewinnspiel* abgebildet, das durch ein kleines Foto eines Autos auf den möglichen Gewinn hinweist; dies erfolgt noch einmal auf der Innenseite (Seite 14), diesmal großformatig (vgl. Abbildung 37).

Abbildung 36: Prospekt Titel- und Rückseite

Abbildung 37: Prospekt Innenseite

Dem Interessenten wird hierbei die Möglichkeit geboten, ein BMW Cabrio zu gewinnen. Zwei plakative Headlines „Gewinnen Sie dieses Traumauto" sowie „Und so einfach geht´s" kündigen den möglichen Gewinn an. Im Rahmen dieses *„Auto-Gewinnspiels"* hat der Interessent lediglich Namen und Anschrift in einen dafür vorgesehenen „Glücks-Coupon", der auf der gleichen Seite abgebildet ist, einzutragen, diesen auf eine ausreichend frankierte Postkarte zu kleben und an den Schwab Versand zu schicken. Auf diese Weise kann der Interessent an der Verlosung teilnehmen. Der „Glücks-Coupon" befindet sich quer an der Seitenecke, wobei dem Interessenten durch Abdruck einer Schere und gestrichelter Linien verdeutlicht wird, wie einfach dieser abzutrennen sei. Durch die Teilnahme am „Auto-Gewinnspiel" wollte Schwab den Kontakt zum Interessenten oder potenziellen Kunden positiv verstärken, man erhoffte sich mehr Resonanz auf die Angebote und damit höhere Umsätze.

Auf der *Rückseite* des Prospektes werden nochmals besonders günstige Artikel mit Preishervorhebungen präsentiert. Neben dem Hauptkatalog und der Absenderadresse wird hier die Internet-Adresse des Schwab Versand abgebildet (vgl. Abbildung 36).

4.4.5. Reaktionsmittel

Das gewählte Reaktionsmittel des hier untersuchten Mailing ist eine *Doppelkarte*, bei der die Antwortkarte, wie bereits erwähnt, gleichzeitig als Adressträger dient und mit integriertem Werbebrief versehen ist.

Auf ihrer Vorderseite ist bereits die *Anschrift* mit der Ansprechpartnerin (Frau Traxel) vom Schwab Versand abgedruckt. Der Interessent muss somit die Antwortkarte nicht selbst adressieren, womit sein zeitlicher Aufwand minimiert wird.

Auf der Karte wird noch einmal der *Hauptkatalog* abgebildet, auf den zum einen eine große plakative Headline „Gratis" aufmerksam macht. Zum anderen stellt das bereits abgedruckte Wort „Ja" mit dem kombinierten angekreuzten Feld eine Entscheidungshilfe dar, da der Interessent noch nicht einmal ein Kreuz machen muss und somit zu einer schnellere Reaktion veranlasst wird. Zusätzlich wird der Leser auf sein *Rückgaberecht* im Falle einer Bestellung aus dem Hauptkatalog hingewiesen.

Durch eine plakative Headline in der Briefmarkenecke wird versucht, den Interessenten auf das von Schwab übernommene *Rückporto* aufmerksam zu machen: „Toll, Porto zahlt Schwab Versand", dadurch erhofft sich das Unternehmen eine Steigerung des Rücklaufs.

Die *Rückseite* der Antwortkarte enthält als Überschrift den Titel „Testanforderung", womit bei dem Interessenten gleichzeitig der Verwendungszweck der Karte angedeutet wird.

Weiterhin wird auf dem Vordruck der Testanforderung mit handschriftlichen Buchstaben der Hauptkatalog sowie der Schlüsselanhänger bzw. das Notizbuch als Werbegeschenk abgedruckt. Das zusätzliche Wort „gratis" soll dem Interessenten ein Gefühl der Sicherheit vermitteln, für ihn fallen keine Kosten an.

Daneben wird das *Werbegeschenk* abgebildet, das auch auf der Rückseite des Versandumschlags abgedruckt ist. Beim Verschicken der Karte kann der Interessent auf grund einer vorhandenen Perforation den Abschnitt leicht abtrennen und sozusagen als Beleg-Abschnitt behalten, der ebenfalls mit einer Telefonnummer versehen ist. Zusätzlich enthält die Rückseite der Antwortkarte wesentliche *Bestell-Informationen*. So wird unter anderem auf die gewünschte Zahlungsart hingewiesen, beispielsweise in Raten, wobei zusätzlich die verschiedenen Ratenaufschläge aufgeführt werden.

Weiterhin sieht die Antwortkarte unter dem Adressfeld des Empfängers einen Hinweis zur *Korrektur* der Anschrift vor. „Stimmt Ihre Anschrift noch? Wenn nicht, bitte korrigieren. Danke". Damit ist für den Schwab Versand eine Aktualisierung und Korrektur der Kundenadresse möglich sowie eine Verbesserung der Datenbestände.

Um die Antwortkarte vom integriertem Werbebrief abtrennen zu können, ist eine *Perforation* mit Abdruck einer Schere angebracht. Auf diese Weise versucht Schwab die Gefahr zu senken, dass der Interessent in Ermangelung einer Schere die Karte nicht abschickt. Insofern wird damit die Sofortreaktion vereinfacht.

5. Kontrolle

5.1. Mailingkosten

Durch allgemeine Kostensteigerungen und die in vielen Branchen rückläufigen Responsequoten werden von den Unternehmen immer mehr *Detailkalkulationen*, beispielsweise für Mailingkosten, notwendig und können auch schnell durch optimierte Software bereitgestellt werden.

Die *Gesamtkosten pro Mailing* lassen sich in fixe und variable Kosten einteilen. Zu den *fixen* Kosten zählt man alle auflagenunabhängigen Kosten, die für die Entwicklung der Werbestrategie, die Kreation des Werbemittels und die Anfertigung der Druckvorlagen anfallen (Text, Layout, Fotografien, Honorare für die Werbeagentur, Lithografie etc.). Die *variablen* Kosten sind auflagenabhängige Kosten wie Adressenmiete, EDV-Arbeiten, Werbemittelproduktion, Lettershop und Porto. Die Portogebühren stellen dabei einen erheblichen Anteil der Gesamtkosten dar, können jedoch bei Beachtung der von der Post vorgegebenen Gewichte, Maße und einer entsprechendenden Vorsortierung nach Postleitzahlen wesentlich reduziert werden.

Während der Direktmarketing-Aktion des Schwab Versand wurde der *Kostenplan* stets mit den tatsächlichen anfallenden Kosten (Ist-Kosten) verglichen und bei Abweichungen angepasst. Eine genaue Kostenkontrolle war wichtig für die Budgetplanung und Budget-überwachung. Die Ist-Kosten waren dann wiederum Basis für die Kostenplanung der nächsten Aktion.

Die Abbildung 38 zeigt einen detaillierten Kostenplan der hier beschriebenen Direktmarketing-Aktion, wobei die *Gesamtkosten* der Aktion 732 989 DM betrugen. Die variablen Kosten beliefen sich auf insgesamt 717 739 DM und 15 250 DM entfielen auf die Fixkosten, sodass die Kosten pro Mailing 0,98 DM betrugen.

	Kosten	Summe
Fixe Kosten		
Agentur (Konzeption, Gestaltung aller Bestandteile, Reinzeichnung)	8 000	
Foto	1 250	
Early-Birds (Schlüsselanhänger, Notizblock)	6 000	15 250
Variable Kosten		
Druck Versandumschlag (4/4-Farben inkl. Litho)	24 205	
Druck Endlosteil (4/4-Farben, Antwortkarte und Brief, inkl. Litho)	30 176	
Druck Flyer (4/4-Farben inkl. Litho)	105 608	
Druck Stuffer (4/4-Farben inkl. Litho)	15 500	175 489
Handling (schneiden, falzen, kuvertieren, Postvorsortierung)		75 000
Porto Standard	0,62	
Portokosten für 750 000 Mailings		467 250
Gesamtkosten des Mailings		732 989
Kosten pro Stück		0,98

Abbildung 38: Kostenplan

5.2. Kritische Beurteilung

Die Analyse der durchgeführten Direktmarketing-Aktion hat gezeigt, dass diese einer *sorgfältigen Vorbereitung und Planung* bedarf. So wurde auch bei dieser Aktion bereits bei den Vorbereitungen darauf geachtet, dass die gesetzten Zielvorgaben im Hinblick auf die Kundenreaktivierung realisierbar sind, und dass eine permanente Abstimmung aller Beteiligten stattfindet.

Eine wertvolle Unterstützung bietet die beim Schwab Versand vorhandene *Kundendatenbank* (Database), die durch die jahrelange Präsenz des Unternehmens auf dem Versandhandelsmarkt permanent aktualisiert werden konnte und dadurch qualitativ hochwertige Adressen enthält. Nicht zuletzt wurde damit auch erst die *Selektion* der Zielgruppe für die beschriebene Direktmarketing-Aktion möglich. So steigt die Wahrscheinlichkeit einer richtigen Zielgruppenauswahl und Personalisierung des Mail-Order-Package, wodurch fehlerhafte Streuungen des Werbebriefes vermieden werden können.

Das wichtigste *Ziel* dieser Direktmarketing-Aktion war es, das Interesse der inaktiven Kunden am Hauptkatalog zu steigern und ihnen die besonderen Vorteile eines Warenkaufs bei Schwab Versand aufzuzeigen.

Dies ist durch die *Gestaltung* der einzelnen Bestandteile des Mailings erreicht worden, dadurch dass man die Kundenvorteile permanent plakativ herausstellte. Allerdings wurde der Empfänger möglicherweise durch die Gestaltung der Rückseite des Versandumschlags mit zu vielen Informationen überschüttet, sodass er unter Umständen verwirrt oder verunsichert werden könnte. Es besteht demnach die Gefahr, dass sein Interesse am Mailinginhalt und damit an einer möglichen Anforderung des Hauptkataloges nicht geweckt wird.

Es wäre möglich, nur die *wesentlichsten* Vorteile auf dem Versandumschlag abzubilden und die bisher vorhandenen langen Textinformationen zu vermeiden. So könnte neben der Abbildung des Schlüsselanhängers ein Abbildungssymbol für den 24-Stunden-Service sowie nur eine Andeutung des Early-Bird-Gewinnspiels ohne weiteren Text erfolgen. Zwar war Schwab darauf bedacht, dem Kunden jegliche Informationen und Vorteile aufzuzeigen, doch sollte dann aus Unternehmenssicht die Überlegung erfolgen, ob das Early-Bird-Gewinnspiel mit seinen Informationen und Beschreibungen nicht auf einer *zusätzlichen Beilage* abgedruckt werden sollte.

In Bezug auf den *Werbebrief* wurde festgestellt, dass er gerade unter dem Aspekt der ersten Kontaktstufe mit dem Empfänger das wesentlichste Element eines Mailings darstellt. Bei der beschriebenen Direktmarketing-Aktion gewinnt man allerdings nicht den Eindruck, dass es sich hierbei um einen solchen Werbebrief handelt. Deshalb ist zu überlegen, ob dem Mail-Order-Package nicht ein *separater* DIN-A4-Brief beigelegt werden sollte, damit dem Kunden das Gefühl vermittelt wird, dass der Werbebrief direkt an „ihn" und bestenfalls „nur" an ihn geschrieben wurde. Hierbei lassen sich die vorgestellten Gestaltungsregeln anwenden und auch das fehlende *P.S.* ergänzen. Ein mögliches P.S. könnte in einer, eventuell handgeschriebenen, Kurznotiz bestehen wie beispielsweise „Ihr gratis Schlüsselanhänger wartet auf Sie".

Im Hinblick auf die *Antwortkarte* ist zum einen die vorhandene Perforation, zum anderen die Übernahme des *Portos* durch Schwab bei Rücksendung der Antwortkarte positiv zu beurteilen. Allerdings besteht hierbei die Gefahr, dass damit nicht nur die Leser angesprochen werden, die wirklich an einer Angebotsbestellung oder zumindest an einer Hauptkataloganforderung interessiert sind, sondern auch die sogenannten „Katalogjäger".

Zum *Prospekt* ist anzumerken, dass gerade unter dem Gesichtspunkt der Aufmerk-samkeitserhöhung zu überdenken ist, ob das Auto-Gewinnspiel nicht zusätzlich zu der Titelseite des Prospektes auch auf dem Versandumschlag anstatt des Early-Bird-Gewinnspiels abgebildet werden sollte. In diesem Zusammenhang ist zu überlegen, das *Auto-Gewinnspiel* mit einer leicht zu beantwortenden Frage zu kombinieren. So wäre es etwa denkbar, eine Frage bezüglich des Inhaltes des Prospektes zu stellen, wodurch der Interessent sich zunächst mit diesem beschäftigen müsste, um die Frage beantworten zu können.

Positiv anzumerken ist die Wahl und Präsentation des *Hauptgewinns*, die einen Anreiz schafft, an dem Gewinnspiel teilzunehmen. Eine weitere Möglichkeit, den Hauptgewinn attraktiv zu gestalten, bestünde beispielsweise darin, dem Kunden eine *Wahlmöglichkeit* anzubieten. So könnte ihm statt des Autos auch eine Urlaubsreise auf dem Mittelmeer oder auch Bargeld vorgeschlagen werden. Erfahrungen zeigen allerdings, dass ein attraktiver Gewinn, wie ein Auto, eine höhere Zugkraft hat als Bargeld, auch wenn die meisten Gewinner dann letztlich doch versuchen, den Gewinn in Bargeld umzutauschen.

Zum *Glücks-Coupon* ist positiv anzumerken, dass dieser sich durch seine Form und Position vom Interessenten mit einem bloßen Schnitt abtrennen lässt, was seine Reaktion zusätzlich vereinfacht.

Auf ein *einheitliches Erscheinungsbild* achtend, ist gerade beim Prospekt festzustellen, dass dieses nicht auf die anderen Bestandteile des Mail-Order-Package abgestimmt wurde, da der Schwab Firmenslogen „Mehr für mich" nicht aufgedruckt wurde.

Eine weitere Möglichkeit, das Interesse des Lesers auf Schwab zu lenken, könnte durch eine stärkere Herausstellung der *Internetadresse* im Prospekt erzielt werden. Durch den Zusatznutzen Internet können Interessenten oder Kunden angesprochen werden, die über einen Internetzugang verfügen. In diesem Zusammenhang wäre es möglich, die Internetadresse konstant in Verbindung mit der Telefonnummer herauszustellen, sodass beim Interessenten hierdurch eventuell eine weitere Reaktion ausgelöst werden könnte. Nicht zuletzt bietet sich für Schwab Versand zusätzlich die Möglichkeit, seine *Firmenphilosophie* „Individuelle Kundenbindung" weiter auszubauen und zu verstärken.

6. Schlussbetrachtung

Im Rahmen dieses Beispiels ist deutlich geworden, dass eine Vielzahl von Entscheidungsvariablen zu berücksichtigen sind, wenn ein Versandhaus ein Mail-Order-Package zur Umsetzung seiner marketingpolitischen Ziele einsetzen möchte. Die *Integration des Mailings* in den Rahmen aller weiteren möglichen Direktmarkting-Maßnahmen ist dabei ebenso wichtig wie die Abstimmung mit den klassischen Marketing-Instrumentarien.

Sämtliche Kriterien der Planung und Gestaltung eines Mailing müssen aufeinander *abgestimmt* werden, wobei die hier vorgestellten Gestaltungsregeln berücksichtigt werden sollten. So ist jedoch abhängig von Produkt, Zielgruppe, Zeit etc. für jede Mailing-Aktion erneut festzulegen, welche Gestaltungselemente zur Weckung des Leserinteresses eingesetzt werden sollten.

Bezüglich der *Gestaltung* des Mailings bleibt festzuhalten, dass hierfür keine allgemeingültigen Lösungen aufgezeigt werden können, sondern die analysierte Direktmarketing-Aktion lediglich als Beispiel für eine solche Gestaltung dienen sollte.

Auch die *unternehmensinterne* Betriebsorganisation kann einen entscheidenden Beitrag für den reibungslosen Ablauf einer Mailing-Aktion leisten (Database, Schulung und Information der Mitarbeiter, Zusammenarbeit zwischen Marketing und Verkauf).

Nur wenn alle diese Kriterien berücksichtigt werden, kann das Mailing als wirksames Instrument zur Unterstützung des Kundenpflege- oder Kundenbindungsprozesses im Versandhandel eingesetzt werden, wie es die Direktmarketing-Aktion gezeigt hat.

Die zunehmende *Individualisierung* und die wachsenden Ansprüche der Verbraucher, die am Markt durch ein gestärktes Selbstbewusstsein in Erscheinung treten, erfordert seitens der Unternehmen eine individuellere, persönlichere Betreuung. Gefragt sind Lösungen, die Wünsche und Anforderungen kleinster Zielgruppensegmente berücksichtigen.

Dabei hat sich *Direktmarketing* zu einem zeitgemäßen Instrument entwickelt, das einzigartige Möglichkeiten bietet, denn durch einen permanenten Dialog kann eine sehr gute Bindung zum Kunden aufgebaut und gepflegt werden. Auf diese Weise wird ihm das Gefühl vermittelt, dass er als Kunde und Mensch tatsächlich wichtig für das Unternehmen ist, was schließlich zu einer positiven Einstellung dem Unternehmen gegenüber führen kann.

Im Hinblick auf die weltweite Verbreitung des *Internet* und den damit möglich gewordenen direkten Einkauf und Verkauf von Waren stellt sich die Frage, ob die derzeit existierenden Medien des Direktmarketing, wie das Mailing, langfristig gesehen verdrängt werden. Wie die Vergangenheit gezeigt hat, wird es mit den Neuen Medien jedoch vielmehr zu einer Erweiterung der schon vorhandenen Medien kommen, sodass das Internet einen eher additiven als substitutiven Charakter aufweist.

Zuletzt bietet sich durch ein effizient eingesetztes *Database-Marketing* die Möglichkeit, Kundendaten individuell zu selektieren und damit Kunden systematisch und zielgruppengerecht anzusprechen, um Streuverluste zu reduzieren. Somit lässt sich letztlich die Zahl der Aussendungen reduzieren und die Qualität jedes einzelnen „Kommunikationsaktes" mit dem Kunden erhöhen.

Zusammenfassend ist festzustellen, dass die Wettbewerbssituation und die zunehmende Kundensouveränität auf dem Versandhandelsmarkt es notwendig machen, dass ein Versandhandelsunternehmen wie der Schwab Versand den *direkten Kontakt* zu seinen Kunden intensivieren und ihnen verdeutlichen muss, welchen Nutzen es hinsichtlich Angebot und Leistung bietet. Dies wird auch zukünftig nur durch den langfristigen und gezielten Einsatz von Direktmarketing-Maßnahmen und insbesondere des Mailings möglich sein.

D. Planung einer Direktmarketing-Aktion für Audi

1. Entwicklungen in der Automobilbranche

1.1. Wandel des relevanten Marktes

Über viele Jahrzehnte hinweg bestand ein *Verkäufermarkt* für Autos in Europa. Nach 1945 stieg die Nachfrage nach Autos in Europa schnell und gleichmäßig, sodass sich die Automobilhersteller in einer vorteilhaften Position befanden. Sie konnten fast alles absetzen, was sie produzierten, und lebten in einer Art „Traumwelt", denn seit 1960 stieg die Zahl der Autobesitzer schneller als die Steigerungsrate des Pro-Kopf-Einkommens. Doch seit Ende der 80er Jahre hat sich der Automobilmarkt in einen *Käufermarkt* gewandelt. Angebotsüberschuss und Nachfragedefizit prägen das gegenwärtige Marktgeschehen und bewirken einen totalen Wettbewerb, in dem der Käufer verstärkt Regie führt.

Zu den für diesen Wandel hauptverantwortlichen Faktoren zählen:

- *Überkapazitäten* der europäischen Automobilhersteller,

- eine immer größer werdende *Auswahl* an Modellen,

- *homogene* und qualitativ hochwertige Produkte, die mittlerweile von allen Herstellern angeboten werden,

- der kritische, gut informierte *Kunde*, der beste Qualität zu günstigen Preisen erwartet („smart shopper").

Die 90er Jahre waren durch einen *permanenten Wandel* der Automobilindustrie gekennzeichnet. Nach dem Wiedervereinigungsboom und der nachfolgenden Rezession setzte eine vollständige Umgestaltung in den Unternehmen selbst, in den Beziehungen zwischen den Unternehmen sowie in der Struktur der gesamten Wertschöpfungskette ein. Fusionen und Übernahmen führten zu einem Wandel in der Branche und stellten die Weichen im globalen Wettbewerb neu. Kooperationen zwischen unabhängigen Herstellern im Hinblick auf einzelne Produkte oder Märkte gewinnen auch in Zukunft weiter an Bedeutung.

Die Bewältigung der strukturellen *Herausforderungen* in der Branche sind zum einen von der strategischen Neuausrichtung der Produktpolitik abhängig, zum anderen von der Steigerung der Kosteneffizienz und der konsequenten Globalisierung aller unternehmerischen Aktivitäten. Die Automobilunternehmen müssen sich verstärkt auf den Markt ausrichten. Kunden und Wettbewerber bilden den Fokus unternehmerischen Handelns. Grundsätzlich ist diese Erkenntnis nichts Neues, doch für eine Branche, die jahrzehntelang technologie- und produktionsgetrieben war, kommt diese Umorientierung einer „Revolution" gleich. Das *strategische Marketing*, als ganzheitliche Ausrichtung von Unternehmen auf den Markt, wird somit zu einer Schlüsselfunktion im strukturellen Wandel der Automobilbranche (vgl. Diez, 1996, S. 26).

Ein weiteres Kennzeichen für den ausgeprägten Hyperwettbewerb auf dem Automobilmarkt sind die ausgesprochen hohen Investitionen in die *Werbung*. Kein anderer Wirtschaftssektor investierte in den vergangenen Jahren so viel Geld in die Werbung wie die Automobilindustrie. Nach Angaben der Nielsen Werbeforschung Schmitt und Pohlmann erreichten die Bruttoschaltkosten 1998 in den klassischen Medien Tageszeitungen, Zeitschriften, TV und Funk erstmals die Drei-Milliarden-DM-Grenze. Diese konnte bereits im Jahr 1999 mit einer Investitionssumme von 3,2 Mrd. DM übertroffen werden (vgl. ZAW, 2000).

Die *Autowerbung* wurde in den letzten Jahren von den Herstellern Opel, Renault und VW dominiert. 1998 gaben die Werbemarktführer zwischen 250 und 300 Mio. DM brutto für die klassische Werbung aus. Auch in die Firmen- und Servicewerbung wird investiert; 1998 flossen ca. 117 Mio. DM in die Firmenwerbung der Autobranche. Für die Sparten Service, Leasing und Finanzierung wurden rund 100 Mio. DM aufgewandt (vgl. Focus, 2000).

Hier wird deutlich, dass gerade diese *softfacts* für die Automobilbranche zunehmend wichtiger werden. Nicht nur das Produkt steht in der Werbung im Vordergrund, sondern auch mit Service, guter Beratung und Finanzierungsangeboten versuchen sich Unternehmen vom Wettbewerber zu differenzieren.

1.2. Derzeitige Situation in der Automobilindustrie

Die deutsche Automobilindustrie schloss das 20. Jahrhundert *erfolgreich* ab und legte den Grundstein für einen guten Start in das neue Millennium. Die inländische Kraftwagenproduktion erreichte 1999 erneut ein hohes Niveau, der Inlandsabsatz hat sich gegenüber 1998 leicht belebt und mit 3,7 Mio. ausgeführten Automobilen wurde ein neuer Exportrekord erzielt.

Die derzeitige Situation ist allerdings mit Vorsicht zu bewerten, denn es handelte sich um ein „Autojahr mit zwei Gesichtern" (vgl. VDA, 2000):

- Quantitativ sind zwar fast alle wichtigen Parameter übertroffen worden, doch es besteht kein Anlass zu übertriebener Freude. Der *Wettbewerb* hat sich weiter verschärft. Der Fahrzeugabsatz war in Deutschland über alle Marken hinweg keineswegs homogen. Er zeigten für einige Hersteller Spitzen, für andere Wellen. Die Automobilbranche ist mittlerweile aus der Phase des Wachstumswettbewerbs, die allen Anbietern Raum für Expansion gelassen hatte, in die Phase des *Verdrängungswettbewerbs* eingetreten, in der es Absatz- und Umsatzsteigerungen eines Unternehmens nur noch zu Lasten anderer Unternehmen gibt. Dies gilt auch und gerade für einen „reifen" Automobilmarkt wie den in Deutschland befindlichen.

- Während der Inlandsmarkt von Pkws nur wenig wuchs, sind die *Exporte* drastisch gestiegen. Sie haben dem vergangenen Autojahr die eigentliche Prägung verliehen. Im Jahr 1999 ist der Export um 5 Prozent gewachsen, der deutsche Markt hat dagegen mit einem Plus von 1,8 Prozent mit der Dynamik der übrigen westeuropäischen Märkte nicht mithalten können.

Zusammenfassend lässt sich feststellen, dass sich die Branche im langfristigen Vergleich derzeit noch auf einem hohen Plateau befindet, auch wenn die quantitative Entwicklung besser als die qualitative Beurteilung der Geschäfte ist und sich die Automobilkonjunktur im Jahr 2000 im Vergleich zu 1999 etwas *abkühlen* wird.

Die klassischen Bedarfssegmente im Automobilmarkt bieten bis auf wenige Ausnahmen ein quantitativ nur noch *begrenztes Wachstumspotenzial*. Daher wird in Zukunft das qualitative Wachstum mit innovativen Produkten zunehmend wichtiger werden. Insbesondere dem gesamten *Dienstleistungsbereich* rund um das Automobil wird eine erhöhte Bedeutung zukommen, also Service und ganzheitliche Kundenbetreuung im Sinne eines allumfassenden *Customer Relationship Managements* (vgl. Holland, 2001b). Dadurch soll eine Steigerung von Kundenbindung und Kundenloyalität erreicht werden. Dies wird für den Markterfolg und das Überleben von Automobilherstellern und -händlern zunehmend wichtiger.

2. Kundenbindung als strategischer Erfolgsfaktor der Automobilbranche

Kundenzufriedenheit, Kundenbindung und Kundenorientierung spielten bis vor wenigen Jahren in Deutschland nur eine untergeordnete Rolle. Mit Beginn der neunziger Jahre gewannen diese Begriffe auch in der Automobilbranche zunehmend an Bedeutung. Sowohl japanische als auch amerikanische Hersteller orientierten sich konsequent an Kundenwünschen und waren dadurch beispielhaft für ein erfolgreiches „Customizing" in der deutschen Automobilindustrie und im Automobilhandel (vgl. Holland, Heeg, 1998, S. 61).

Kundenbindung und eine effiziente werbliche Ansprache setzen eine umfassende *Kenntnis* der Konsumentengruppen und ihres Einkaufsverhaltens voraus. Diese Kundenkenntnis ist schwer zu erreichen, weil jeder einzelne Kunde durch unterschiedliche, zum Teil sogar widersprüchliche, Verhaltensweisen gekennzeichnet ist. Auch die Automobilkäufer sind selbstbewusster geworden. Sie sind schwer zu erfassen und zu erreichen; sie verhalten sich „*hybrid*" im Hinblick auf ihre Preisbereitschaft.

Heutzutage ist es immer schwieriger, Autos zu *differenzieren* und sich vom Wettbewerber abzuheben. Die Fahrzeugmodelle werden zunehmend homogener und unterscheiden sich in Optik und technischen Eigenschaften nur in geringem Maße. Die Folge ist, dass der Kunde eher dazu bereit ist, die Marke zu wechseln und einem günstigeren Modell den Vorzug zu geben; die Loyalität ist gesunken. Da über das Produkt allein („Hardware") eine dauerhafte Kundenbindung kaum erreichbar ist, gewinnt das *Dienstleistungsverhalten* des Herstellers und der Vertragshändler an

Bedeutung. Kriterien wie Service, fachkundige Beratung und Reaktionsschnelligkeit („Software") werden zu Schlüsselfaktoren, mit denen Unternehmen dauerhafte Wettbewerbsvorteile erzielen können.

Dies belegt auch eine Studie der GfK Marktforschung, die besagt, dass sich die Höhe der Kundenbindung zu einem bestimmten Automobilhändler zu 75 Prozent im *After-Sales-Bereich* und nur zu 25 Prozent im Sales-Bereich entscheidet. Zudem belegen viele Untersuchungen, dass in der Automobilbranche durchschnittlich 90 Prozent der Käufer angeben, zufrieden zu sein, aber die Quote der tatsächlichen Wiederkäufer in vielen Fällen nur bei 40 Prozent liegt (vgl. GfK, 2000).

3. Kooperatives Direktmarketing zwischen Hersteller und Handel

3.1. Grundprinzipien und Bedingungen für eine erfolgreiche Kooperation

Bestehen vertragliche Bindungen zwischen Herstellern und Händlern und handelt es sich bei deren Angebot um relativ hochpreisige Gebrauchsgüter, die im Konsumsystem der privaten Haushalte ein typisches High Involvement-Produkt darstellen, findet man oft eine sehr enge *werbliche Kooperation* in Bezug auf eine direkte Ansprache der Endverbraucher. Somit können die Vorteile des Handels mit denen des Herstellers verknüpft werden. Der *Händler* hat im Allgemeinen eine enge Beziehung zu seinen Kunden und ist mit regionalspezifischen Besonderheiten vertraut. Der *Hersteller* verfügt über die gesamten Marktforschungsdaten und über ein umfangreiches Know-How in der werblichen Ansprache. Dies führt zu dem Gesamtvorteil einer gezielten, Streuverluste minimierenden Ansprache mit qualitativ hochwertigen Werbemitteln zu relativ günstigen Kosten. Das Grundprinzip *kooperativer Direktmarketing-Aktionen* ist, dass der Hersteller die Werbemittel konzipiert und produziert (oder dies einem Spezialisten, beispielsweise einer Werbeagentur oder einer Verkaufsförderungsagentur überlässt) und diese im eigenen Namen oder im Namen des Händlers an den Endverbraucher ausliefert. Diese Form der direkten Kommunikation wird in den USA auch als *Dealer Identified Direct-Marketing* bezeichnet und in Deutschland häufig in der Automobilbranche eingesetzt.

Eine derartige Kooperation hängt vor allem von dem Grad der *vertraglichen Bindungen* der Händler ab. In Deutschland ist der Automobilvertrieb überwiegend selektiv und markenexklusiv. Das selektive Vertriebssystem hat für die Händler einen großen Einfluss auf das *Direktmarketing*, da ihnen außerhalb des sogenannten Marktverantwortungs-gebietes untersagt ist, personalisierte Werbung durchzuführen. Zudem können sie auf Grund der Händlerverträge vom Hersteller dazu verpflichtet werden, Direktmarketing-Aktionen durchzuführen (vgl. Block, 1999, S. 17).

Eine Kooperation kann nur sinnvoll sein, wenn alle Beteiligten daraus einen *Nutzen* ziehen. Grundsätzlich bleibt es im Endeffekt dem Händler überlassen, sich an einer gemeinsamen Aktion finanziell zu beteiligen. Er wird abwägen, ob sie in sein Konzept passt und sich die anfallenden Kosten rechtfertigen. Zu den notwendigen *Bedingungen* eines erfolgreichen Dealer Identified Direct-Marketing zählen unter anderem eine ständige, intensive Betreuung und Unterstützung des Handels, eine gerechte Kostenverteilung und eine Vermeidung regionaler Überschneidungen bei Streuungen der Werbemittel. Zudem sind die Kostenvorteile um so stärker, je mehr Händler sich an der Aktion beteiligen. Der Hersteller hat somit die Aufgabe, die Aktion und deren Ziele dem Handel näher zu bringen und diese zur Mitarbeit zu bewegen.

Trotz dieser Vorteile hat das Direktmarketing in der Automobilbranche bisher ein eher *begrenztes Einsatzspektrum*. Die Handelsorganisationen haben derzeit das Erfolgspotenzial des Direktmarketing noch nicht erkannt. Auf Seiten der Hersteller ist ein entsprechendes Bewusstsein eher vorhanden, positive Ansätze sind bereits zu erkennen. Sind Direktmarketing-Aktivitäten nur ungenügend miteinander abgestimmt, so können Redundanzen entstehen. Findet aber eine intensive Zusammenarbeit statt, können *Synergiepotenziale* konsequent genutzt werden.

3.2. Darstellung eines Langzeitprogramms in der Automobilindustrie

In der heutigen Marktsituation ist es nicht mehr ausreichend, sich nur auf den Kaufakt zu konzentrieren. Unternehmen denken verstärkt *prozessorientiert*, wenn es darum geht, beim Verbraucher Interesse zu wecken und ihn auf seinem Weg zu begleiten, das heißt ihn an die Marke und das Produkt heranzuführen, ihn zum Kauf und vor allem zum Wiederkauf zu bewegen. Es gilt, aus dem Verbraucher einen Käufer und aus dem Käufer einen Kunden zu machen und ihn auf der Loyalitätsleiter hinaufzuführen, wie die Abbildung 39 zeigt (vgl. Holland, 1993, S. 58).

Automobilunternehmen entwickeln sogenannte *Kunden-Dialog-Programme*, um ihre Kunden über den Zeitraum von der Anschaffung eines Fahrzeugs bis zum Folgekauf zu betreuen, zu regelmäßigen Werkstattbesuchen anzuhalten und den Folgekauf letztendlich vorzubereiten, beispielsweise das Kundenkontaktprogramm der Volkswagen AG (vgl. Holland, Heeg, 1998, S. 100).

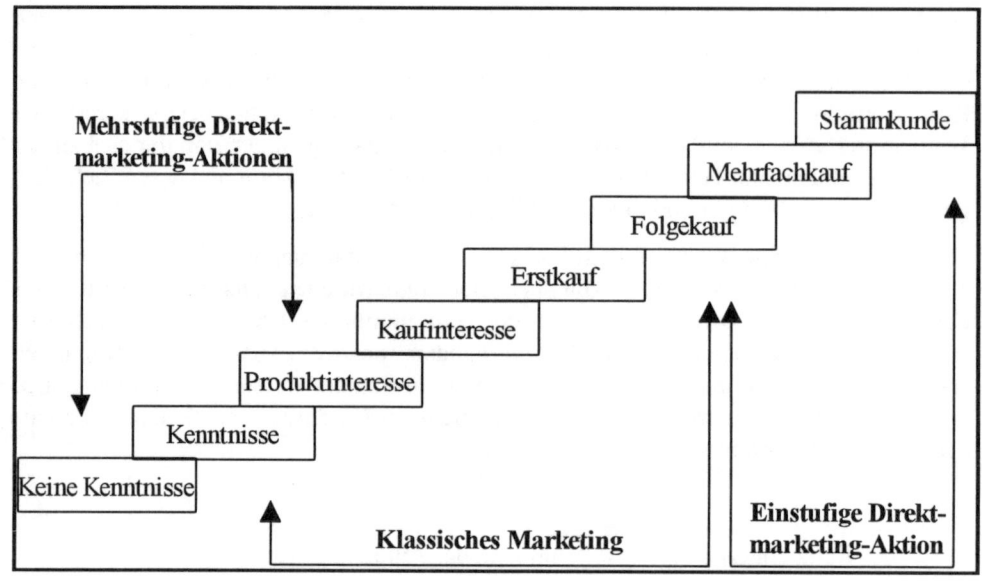

Abbildung 39: Loyalitätsleiter

Quelle: Holland, 1993, S. 58

Ein Langzeitprogramm zur Kundengewinnung und Kundenbindung in der Automobil-branche besteht aus mehreren Phasen.

Die Phase der *Interessentengewinnung* kann aus mehreren Aktionen bestehen. Sie verfolgt das Ziel, die angesprochene Person zu einer Kontaktaufnahme zu bewegen. Da die Hersteller und Händler über ein ausgezeichnetes Adressmaterial verfügen, kann die *Zielgruppe* genau definiert und ganz individuell über ein Mailing angesprochen werden. Als geeignete Zielpersonen kommen die Halter von Fahrzeugen in Frage, die der angebotenen Fahrzeugklasse entsprechen oder für die das angebotene Fahrzeug als Aufsteigerwagen (step-up) in Frage kommt. In beiden Fällen bietet sich eine Selektion nach dem Fahrzeugalter an. Der Umworbene hat nun die Möglichkeit, ausführliches Informationsmaterial anzufordern, einen Besuch beim Verkäufer zu vereinbaren oder gar um eine Probefahrt zu bitten. Am Ende der Interessentengewinnungsphase kann diese Gruppe unterteilt werden in Nicht-Interessenten und in faktische Interessenten, die in Zukunft verstärkt angeschrieben werden. Ein Mailing zur Interessentengewinnung erfolgt meist im Namen des Herstellers und ist noch nicht auf einzelne Handelsorganisationen zugeschnitten.

Danach folgt die Phase der *Interessentenbetreuung*. Hat bereits ein Verkaufsgespräch oder eine Probefahrt stattgefunden, so kann ein Teil der faktischen Interessenten in die

Kundendatei übertragen werden. Mit dem Übergang von der schriftlichen zur mündlichen Ansprache des potenziellen Kunden verlagert sich das Schwergewicht der Aktivitäten vom Hersteller auf den *Händler*. In den Fällen, in denen noch kein Verkaufserfolg erzielt wurde, muss eine weitere intensive Betreuung erfolgen. Diese kann beispielsweise in Form von programmierten Aussendungen mit dem Ziel der Kontakterhaltung vom Autohaus durchgeführt werden.

Die Kundengewinnung ist das Hauptziel der Aktion. Nun beginnt die Phase der *Kundenbetreuung*. Diese hat einen hohen Stellenwert, denn der neu gewonnene Kunde soll auch dauerhaft an einen bestimmten Hersteller und den jeweiligen Händler gebunden werden. Da für eine Vielzahl von Automobilmarken eine relativ geringe Markentreue zu verzeichnen ist und auf Grund der vertraglichen Bindungen ein Markenwechsel eines illoyalen Neuwagenkäufers zwangsläufig mit einem Händlerwechsel einher geht, stehen Automobilhersteller und -händler gemeinsam vor der Herausforderung, ihre *Kundenbindungsmaßnahmen* zu intensivieren.

Grundvoraussetzung hierfür ist eine intensive Betreuung durch den *Händler*, der mit dem Kunden einen persönlichen Kontakt und eine langfristig angelegte Beziehung pflegt. Die Phase der Kundenbetreuung muss direkt beginnen, denn unmittelbar nach dem Kauf entstehen beim Käufer heimliche Zweifel, ob er auch wirklich die richtige Wahl getroffen hat (*kognitive Dissonanzen*). Diese Entscheidung muss somit nach dem Kauf vom Verkäufer oder durch entsprechende After-Sales-Maßnahmen vom Hersteller bestätigt und mit Argumenten versorgt werden. Doch der Kunde sollte nicht nur in der Nachkaufphase kontaktiert werden, denn Kundenbindung ist das Ergebnis einer Kette von langjährigen Erfahrungen, die der Käufer mit dem Auto und dem Händler macht. Früher war der Automobilverkauf von einem kurzfristigen Erfolgsdenken geprägt, heute fordert er verstärkt eine *langfristige Sichtweise*, denn eine intensive Kundenbindung zahlt sich nicht von heute auf morgen aus. Gerade in der Automobilbranche ist der Kaufentscheidungsprozess auf Grund der hohen Investitionssumme für den Kunden sehr schwierig und langwierig (vgl. Holland, Heeg, 1998, S. 49).

Der Kunde darf nicht das Gefühl haben, nach dem Kauf in Vergessenheit zu geraten. Dieses Ziel wird mit Briefen erreicht, in denen sich der Verkäufer nach der Zufriedenheit oder nach Problemen erkundigt. Auch Wartungstermine dienen einem kontinuierlichen Kontakt zum Käufer. Jede Ansprache und Reaktion des Kunden muss auch der *Aktualisierung der Kundendatenbank* dienen. Die Pflege der Database des Händlers ist sehr wichtig, denn nur wenn die Reaktionen der Zielpersonen erfasst werden, kann ein vernünftiger Dialog zwischen Autohaus und Fahrzeughalter entstehen. Der Verkäufer kann so immer auf Daten früherer Kontakte zurück greifen und das Leistungsangebot spezifisch auf die Wünsche des Abnehmers ausrichten.

Es ist wichtig, dass sich der Kunde vom Autohaus verstanden fühlt, denn Kundenbeziehungen unterliegen ebenso wie Produkte einem „*Lebenszyklus*", der beachtet und gesteuert werden muss. Nach einer Reifephase der Kundenbeziehung droht eine Krisenphase. Damit sich beim Kunden keine Langeweile einstellt, kann durch einen intensiven Informationsaustausch die Beziehungsqualität verbessert und eine zweite Reifephase des Kundenlebenszyklus eingeleitet werden.

Abbildung 40 zeigt das Modell des *Kundenlebenszyklus*. Dieser ist auf Grund der langen Wiederbeschaffungszyklen gerade für die Automobilbranche von großer Bedeutung. Erst etwa zwei bis drei Jahre nach dem Autokauf können die ersten Versuche unternommen werden, den Kunden zum Kauf eines Neuwagens zu bewegen. Hier spielt das Direktmarketing eine große Rolle, wenn es darum geht, eine Vielzahl von Kunden systematisch zu betreuen, den Informationsfluss während dieser Zeit aufrecht zu erhalten und den Kontakt nicht abreißen zu lassen.

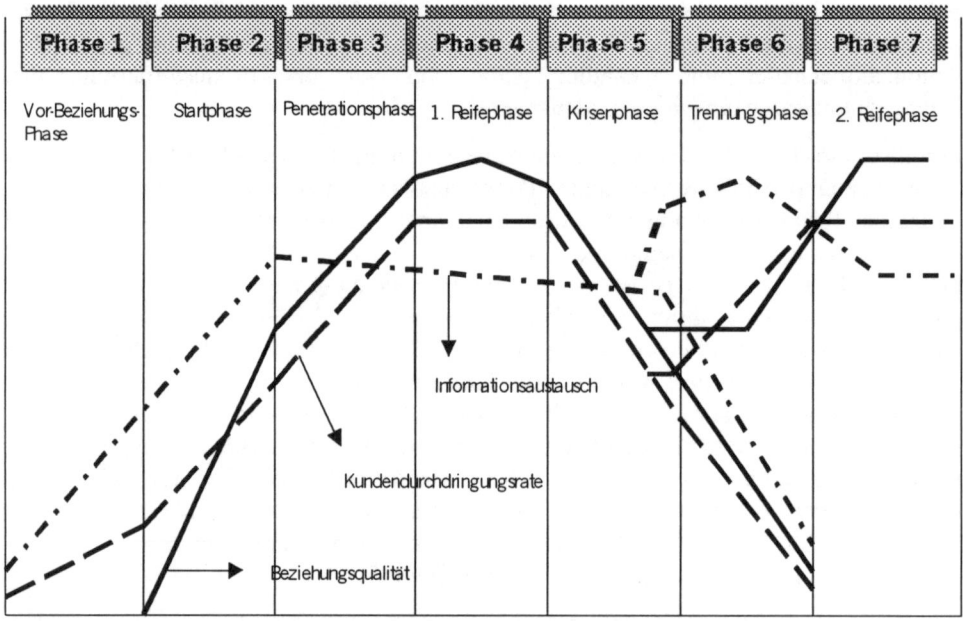

Abbildung 40: Modell des Kundenlebenszyklus
　　　　　　　Quelle: Diller, 1995, zitiert nach: Deutsche Post AG, 1997, S. 11

Bleibt der Kunde später bei dem Neukauf eines Automobils der Marke und dem Autohaus treu, schließt sich der Kreis eines Langzeitprogramms zur Kundengewinnung und -betreuung.

3.3. Zielkonflikte zwischen Hersteller und Handel

Hersteller und Händler haben beide das Ziel, eine langfristig angelegte Beziehung zum Kunden aufzubauen und die Kundenbindung zu intensivieren. Man darf aber nicht vergessen, dass trotz gemeinsamer Interessen gewisse *Konflikte* in der Automobilbranche zwischen Herstellern und Handelspartnern bestehen, die dazu führen, dass kooperative Direktmarketing-Maßnahmen in der Praxis bis heute kaum Anwendung finden.

Zwischen Industrie- und Handelsmarketing bestehen Unterschiede, die nicht zuletzt auf das Konfliktpotenzial zwischen den beiden Wirtschaftsstufen zurückzuführen sind. Industriebetriebliches Marketing ist *produktorientiert*. Der Handelsbetrieb verfolgt das Ziel, sich zu profilieren und die potenzielle Nachfrage in seinem Einzugsgebiet auf seine *Betriebsstätte* zu lenken. Diese Probleme treten grundsätzlich in allen Branchen auf, doch auf Grund der ausgeprägten Abhängigkeit der Händler vom Hersteller in der Automobilbranche haben diese hier einen besonderen Stellenwert.

Der Vertrieb von Automobilen basiert innerhalb der Europäischen Union auf dem *selektiven Vertriebssystem*. Die rechtliche Grundlage für diese Form des Vertriebs bildet die Gruppenfreistellungsverordnung (GVO), die vor allem die Wettbewerbsbeschränkungen im Rahmen des selektiven Vertriebs vom Kartellverbot freistellt und gewissermaßen „legitimiert". In den letzten Jahren sind immer wieder Diskussionen rund um das selektive Vertriebssystem aufgekommen bezüglich der Frage, ob dieses System eine unzulässige Wettbewerbsbeschränkung darstellt. Im Jahr 1995 wurde zuletzt über die GVO entschieden, und sie wurde in modifizierter Form für weitere sieben Jahre bis 2002 verlängert.

Der Hersteller will eine möglichst hohe *Bevorratung* an Neuwagen beim Händler erreichen, um den Vertriebsdruck zu erhöhen, er kann ihn sogar auf Grund des Vertrages zu bestimmten Abnahmemengen verpflichten. Der Händler wünscht dagegen eher nachfragegebundene Bestellmengen und flexible Lieferungen. Er hat zudem ein anderes *Spannendenken* als der Hersteller und versucht generell hohe Handelsspannen zu erreichen. Der Hersteller verfolgt eher das Ziel leistungsabhängiger Handelsspannen. Zudem wünscht der Hersteller, dass der Handel in die Gestaltung seiner Verkaufsräume investiert; schließlich ist das Autohaus Repräsentant für das Image der Marke. Es werden ihm Schauraumposter, Banner, Lamellen etc. zur Schauraumgestaltung zum Kauf angeboten, um themenspezifische Aktionen, die vom Hersteller durchgeführt werden, zu unterstützen und die *Corporate Identity* der Marke zu wahren. Während der Hersteller einen verstärkten nationalen Werbedruck ausübt, beispielsweise zum Aufbau eines Markenimages, präferiert der Händler eher den Aufbau eines Unternehmensimages und einen regionalen Werbedruck.

Im Hinblick auf das *Direktmarketing* ist gerade dieses Problem von großer Bedeutung. Der Hersteller arbeitet darauf hin, beim Kunden eine dauerhafte Markenpräferenz zu erreichen. Der Händler hingegen verfolgt das Ziel, eine starke Händlerpräferenz aufzubauen. Der Wunsch des Autohausunternehmers nach einer individuellen Profilierung ist nichts anderes als der Versuch, sich ein eigenes, einkaufsstättenbezogenes akquisitorisches Potenzial zu schaffen, um nicht in die „*Austauschbarkeitsfalle*" selektiver Vertriebssysteme zu geraten (vgl. Diez, 1999, S. 58).

Die Abhängigkeit des Händlers vom Hersteller könnte an Intensität verlieren, wenn es dem Autohausunternehmer gelänge, den Kunden langfristig an sich zu binden. Wenn der

Händler die Marke wechselt, hat er die Hoffnung, dass Kunden, die von der Leistung und dem Service des Autohauses überzeugt sind, eventuell sogar einen *Markenwechsel* in Betracht ziehen. Derzeit sind die Bindungen der Kunden an ein bestimmtes Autohaus noch gering.

Bei *kooperativen Direktmarketing-Aktivitäten* müssen die Sichtweisen beider Partner berücksichtigt werden. Da im Jahre 2002 über den Wegfall der GVO erneut entschieden wird, kann man davon ausgehen, dass sich hier einige Veränderungen ergeben werden, auf die sich gerade die Automobilhersteller einrichten müssen. Auch die Audi AG ist sich dieser Situation bewusst und will mit Hilfe von kooperativen Direktmarketing-Aktionen einen aufmerksamkeitsstarken Auftritt bei den Handelspartnern und bei den Zielpersonen initiieren.

4. Der Audi-Konzern und sein Direktmarketing-Konzept im Jahr 1999

4.1. Marktstellung von Audi

Die *Audi* AG ist ein Tochterunternehmen des erfolgreichen europäischen Automobilherstellers – des Volkswagen Konzerns. Zu diesem zählen außerdem die Unternehmen Volkswagen, Seat, Skoda, Lamborghini, Bentley und Bugatti. Audi ist ein international anerkannter Hersteller hochwertiger Automobile. Begeisterungsfähigkeit, Kreativität und Einsatzbereitschaft sind die Erfolgsfaktoren des Unternehmens.

Das Jahr 1999 war für die Audi AG sehr *erfolgreich*. Audi konnte seine Position im Markt weiter ausbauen und an den Erfolg der Vorjahre anknüpfen. Laut Dr. Franz-Josef Paefgen, dem Vorstandsvorsitzenden der Audi AG, hat Audi einen neuen Bestwert bei den weltweiten Fahrzeugauslieferungen erreicht und den Umsatz nochmals deutlich steigern können. Auch die Investitionen lagen mit rund 3 Mrd. DM erneut auf hohem Niveau, um somit mit neuen, innovativen Produkten die Wettbewerbsfähigkeit des Unternehmens dauerhaft zu stärken.

Insgesamt wurden 1999 im Audi-Konzern bei einem Umsatz von mehr als 29 Mrd. DM 634 973 Fahrzeuge weltweit an Kunden ausgeliefert. Davon entfielen 634 708 Pkws auf die Marke Audi und 265 Sportwagen Diabolo auf die Audi-Tochtergesellschaft Lamborghini. Hiervon gingen 377 066 Audi Fahrzeuge ins Ausland, somit blieb die Exportquote mit 59,4 Prozent etwa auf Vorjahresniveau. In Deutschland nahmen 257 642 Kunden ihren neuen Audi in Empfang – eine Steigerung von 5,5 Prozent. Der Marktanteil verbesserte sich somit von 6,5 auf 6,8 Prozent.

4.2. Rückblick auf die Direct-Mail-Aktion Frühjahr/Herbst 1999

4.2.1. Aktionsidee und Konzept für das Audi-Navigationssystem

Die *Mailing-Aktion* von Audi im Frühjahr/Herbst 1999 stand unter dem Motto „Die Zeichen der Zeit entdecken" und hatte das Navigationssystem als Themenschwerpunkt. *Zielsetzung* war eine Generierung von Probefahrten und eine Erhöhung der Kaufabschlüsse. Mit der Möglichkeit, die Audi-Navigationssysteme kennenzulernen, sollte die Bereitschaft zu einer Probefahrt bei den potenziellen Kunden verstärkt werden. Die Kundenansprache erfolgte in Kooperation mit den Händlern über ein hochwertiges Mailing. Um den Kunden zu einer Probefahrt beim Autohaus zu motivieren, wurde hierfür von Audi eine *Armbanduhr* mit integriertem Kompass und Zwei-Komponenten-Mechanik als Incentive eingesetzt. Diese Uhr ist im Promotionartikelmarkt eine absolute Innovation und wurde bisher in dieser Form noch nicht eingesetzt.

Ein *Incentive* ist ein Handlungsanreiz. Geschenke in Form von Zugaben oder Prämien oder Gewinnspiele wie Verlosungen können solche Anreize sein. Mit einem guten Incentive kann das Interesse an einem Mailing gesteigert werden. Wichtig für die Kontaktherstellung ist, dass zwischen dem Angebot an den Kunden und dem Incentive eine starke Kopplung oder eine ergänzende Nutzungs- bzw. Wertsteigerung besteht. Eine zweiteilige Uhr mit integriertem Kompass ist ein idealer Anreiz für die Zielgruppe und schafft einen Bezug zum Audi Navigationssystem.

Die Idee für diese Direct-Mail-Aktion stammt von der *B·T·M Trade Marketing* GmbH. Es handelt sich hierbei um eine Tochtergesellschaft unter dem Holding-Dach der Unternehmensgruppe Wiesbaden, die sich auf die Konzeption und Umsetzung von strategischen und taktischen Handelsmarketing-, Verkaufsförderungs- und Vertriebsmaß-nahmen spezialisiert hat.

Anstoß für die Konzeption der Aktion gab die *Blaupunkt*-Werke GmbH, ein Kunde der B·T·M. Ziel war es, die Erstausrüstungsquote von Automobilen mit Navigationssystemen zu steigern. Die B·T·M entwickelte ein Konzept und präsentierte es mehreren Automobilherstellern. *Audi* war von der Aktionsidee überzeugt, da diese zur Positionierung der Marke Audi und zur gesamten Unternehmenskommunikation passte. Zudem befürworteten die Ingolstädter die Integration der Autohausunternehmer und wollten die Erfolgspotenziale händlereigener Adressen nutzen.

Somit entstand eine *kooperative Aktion* zwischen Blaupunkt und der Audi AG. Das gemeinsame Ziel war der Verkauf von werksseitigen Navigationssystemen. Blaupunkt war bestrebt, die Erstausrüstungsquote zu steigern, Audi wollte verstärkt Autos mit Navigationssystemen vertreiben. Der besondere Vorteil dieser Kooperation bestand für Audi darin, dass sich Blaupunkt finanziell an der Erstellung des Konzeptes und an den Produktionskosten der Uhr beteiligte.

4.2.2. Händlerteilnahme und Response

Die Probefahrt-Aktion mit *Navigationssystem* wurde ein voller Erfolg und war der Auslöser für die Audi AG, im Jahr 2000 eine ähnliche Direktmarketing-Aktion mit dem Themenschwerpunkt Audi *Allradantriebstechnik* quattro durchzuführen. Auch die Händler waren mit dem Ergebnis sehr zufrieden. In einer Händlerbefragung im Oktober 1999 bewerteten 88 Prozent der teilnehmenden Händler die Aktion mit „gut" oder mit „sehr gut". Zudem gaben 98 Prozent der Audi Partner an, sich bei einer vergleichbaren Aktion mit einem ähnlich attraktiven Incentive wieder zu beteiligen. Die Ergebnisse folgender Abbildung 41 deuten darauf hin, dass Direct-Mails in dieser Form positiv zu bewerten und in diesem Rahmen wiederholbar sind. Die Probefahrtaktion hatte eine *Responsequote* von 71,5 Prozent und brachte über 5 Prozent Fahrzeugverkäufe ein (vgl. B.T.M Trade Marketing).

Aktionshändler insgesamt	657	100 %
Händlerteilnahme Zusatzcharge	241	37,0 %
Mailings Charge 1	12 307	
Mailings Charge 2	12 384	
Mailings Charge 3	12 075	
Mailings Charge 4	12 255	
Mailings Zusatzcharge	4 562	
Mailings gesamt	53 485	
Response Charge 1	9 206	74,8 %
Response Charge 2	8 409	68,1 %
Response Charge 3	8 725	71,2 %
Response Charge 4	8 542	69,7 %
Response Zusatzcharge	3 367	73,8 %
Response gesamt	38 250	71,5 %
Verkäufe Fahrzeuge	2 997	5,6 %

Abbildung 41: Ergebnisse der Mailing-Aktion Frühjahr/Herbst 1999

5. Planung einer Direktmarketing-Kampagne für Audi

5.1. Jubiläum des Audi Allradantriebes im Jahr 2000

Eine wichtige Grundlage für den heutigen Unternehmenserfolg und die gute Marktstellung von Audi war die Präsentation des permanenten *Vierradantriebes* im Audi quattro vor genau 20 Jahren in Genf. Seit dieser Zeit hat Audi mehr als 800 000 Fahrzeuge mit quattro-Antrieb produziert. Vor fünf Jahren lieferte das Unternehmen 10 Prozent aller Pkws mit permanentem Allradantrieb aus. Im letzten Jahr waren bereits mehr als ein Viertel aller verkauften Audi Fahrzeuge „Quattros" und für das Jahr 2000 wird ein Anteil von ca. 30 Prozent erwartet. Das Antriebskonzept ist auch heute noch ein Symbol für die Innovationskraft und den technologischen Führungsanspruch der Marke Audi. Der quattro-Antrieb hat sich im Laufe der Jahre zu hoher Reife entwickelt. Er steht laut Audi für eine bestmögliche Traktion bei jeder Fahrbahnbeschaffenheit, gute Spurstabilität und eine Menge Fahrspaß (vgl. Audi, 2000).

Um das Fahrerlebnis mit einem Audi quattro den potenziellen Kunden näher zu bringen und auf Grund des 20-jährigen Jubiläums, hat der Konzern in Form einer integrierten Kommunikation dieses Thema als Aufhänger für die *Frühjahrs-Mailing-Aktion* 2000 gewählt. Audi möchte mit dieser zielgerichteten Aktion die quattro-Sonderausstattung in den Vordergrund des Interesses bei Händlern und Kunden rücken und über bewährte Aktionsmechanismen potenzielle Käufer für Probefahrten gewinnen. Die *Probefahrt-Aktion* im Frühjahr 2000 soll den Erfolg aus 1999 wiederholen.

5.2. Direktmarketing als Element des integrierten Marketing

5.2.1. Integriertes Marketing und integrierte Kommunikation

Integriertes Marketing gewinnt auf Grund der Veränderung der Märkte auch in der Automobilbranche zunehmend an Bedeutung, denn eine strikte Trennung der einzelnen Marketing-Instrumente ist heute nicht mehr sinnvoll. Das Direktmarketing erhält zunehmend neue Aufgaben und wird mittlerweile zur Erreichung von Zielen eingesetzt, die früher dem klassischen Marketing zugeordnet wurden (beispielsweise Aufbau von Image und Bekanntheit, Markenbildung und Markenführung). Ein Gesamt-Marketing-Konzept wirkt insgesamt erfolgreicher, wenn die einzelnen Instrumente nicht gegeneinander eingesetzt werden, sondern eine ganzheitliche *Vernetzung* stattfindet. Für das Unternehmen entstehen durch den gleichzeitigen und aufeinander abgestimmten Einsatz der Marketing-Instrumente Synergieeffekte.

Die Realisierung dieser Synergiewirkungen stellt einen Erfolgsfaktor im Kommunikationswettbewerb dar. Bezüglich der Zielpersonen ist es aus gestaltungspsychologischer und lerntheoretischer Sicht das Ziel der integrierten Kommunikation, ein *einheitliches Bild* vom Unternehmen zu vermitteln. Die Anwendung von integriertem Marketing ist eine zwingende Reaktion auf zunehmend komplexer werdende Märkte. Viele Branchen haben erkannt, dass es in Zukunft immer wichtiger wird, einen Medien-Mix auszuwählen, in dem die Medien des Direktmarketing eine wichtige Rolle spielen. Dies gilt auch für den Automobilsektor.

Voraussetzung einer integrierten Kommunikation ist die Bildung einer gemeinsamen Einheit, in die sich alle Instrumente einfügen sollen. Die Grundlage hierfür bildet die strategische *Positionierung* des Gesamtunternehmens. Sie beschreibt, wie das Unternehmen langfristig von seinen Zielgruppen gesehen werden will und findet ihren konkreten Niederschlag in einer *kommunikativen Leitidee*. Eine kommunikative Leitidee ist die Formulierung einer Grundaussage über das Unternehmen, in der die wesentlichen Merkmale der Positionierung enthalten sind. Die kommunikative Leitidee von BMW ist „Freude am Fahren" oder die von Audi „Vorsprung durch Technik". Dadurch, dass alle Werbemaßnahmen unter ein gemeinsames Dach der strategischen Positionierung untergeordnet werden, entsteht ein kontinuierliches unternehmerisches Auftreten und eine höhere Aufmerksamkeit bei den Zielpersonen (vgl. Bruhn, 1995, S. 40 f.).

5.2.2. Integriertes Kommunikationskonzept für Audi

Im Hinblick auf die marktbezogene Kommunikation beinhaltet die integrierte Kommunikation in der Automobilbranche zwei wesentliche Aufgaben, nämlich die *horizontale Integration* der Kommunikations-Instrumente und die *vertikale Integration* der Vertriebsstufen (Hersteller und Handel). Zu den wesentlichen Koordinationsaufgaben der integrierten Kommunikation zählen:

- die *inhaltliche Koordination*, d. h. die Abstimmung der Kommunikationsthemen (z. B. Produktaussagen in der klassischen Werbung: TV, Print)

- die *formale Koordination*, d. h. die Abstimmung von Gestaltungselementen, um einen einheitlichen Auftritt der Marke zu gewährleisten (z. B. Markenzeichen, Farben)

- die *zeitliche Koordination*, d. h. die Abstimmung des zeitlichen Ablaufs von Kommunikationsaktivitäten von Hersteller und Händlern (z. B. bei der Durchführung einer kooperativen Direct-Mail-Aktion)

Dadurch, dass der Hersteller einheitlich am Markt auftritt, ergibt sich für den Verbraucher ein *konsistentes Erscheinungsbild*. Die Zielgruppe hat eine intensivere Vorstellung über die Leistungen eines Unternehmens als bei divergierenden Kommunikationsstilen. Die Betrachtungsweise der integrierten Kommunikation geht vom Kunden aus. Für ihn macht es keinen Unterschied, ob er mit dem Automobilhersteller oder dem Vertragshändler kommuniziert, eine Meldung in der Tageszeitung liest oder eine Werbeanzeige sieht. Der Kunde kommuniziert immer mit der Marke. Daher besteht die Aufgabe der integrierten Kommunikation darin, den

Kunden in ein, in der Abbildung 42 dargestelltes, kommunikatives Beziehungsgeflecht einzubinden, das von einer einheitlichen und sympathischen Markenbotschaft gesteuert wird (Diez, 1996, S. 318 ff.).

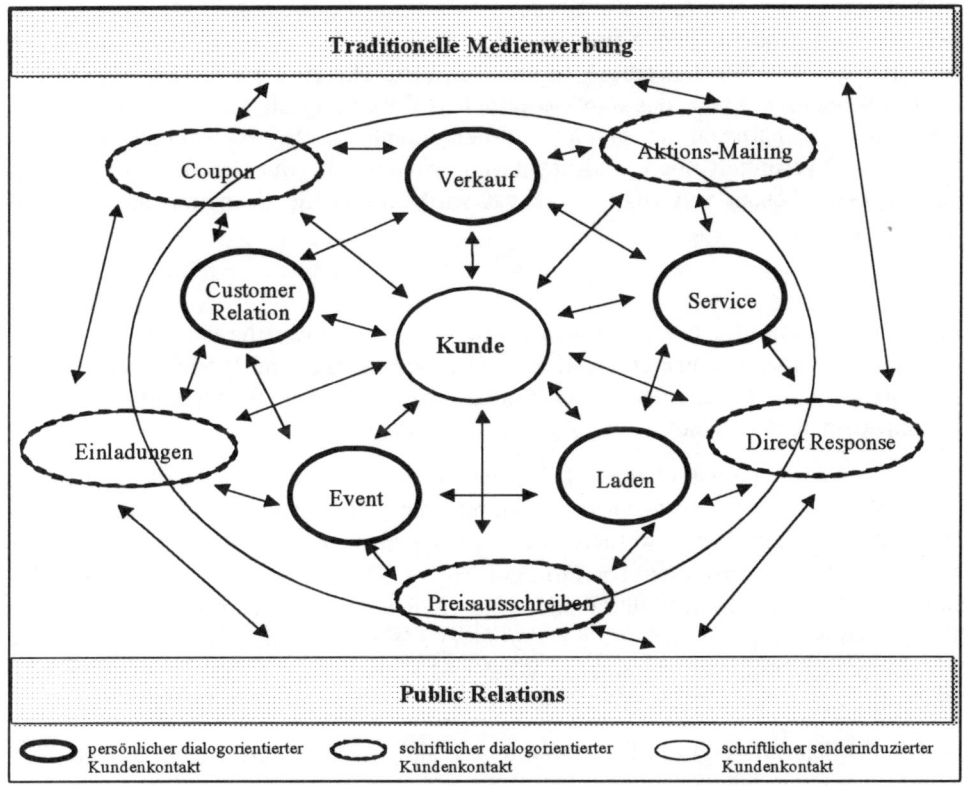

Abbildung 42: Der Kunde im kommunikativen Beziehungsgeflecht
            Quelle: Diez, 1996, S. 321

Die Realisation einer *integrierten Kommunikation* stellt daher eine der wichtigsten Herausforderungen für eine erfolgreiche Marktbearbeitung dar. Eine Werbeaktion führt isoliert zu keinem optimalen Erfolg Nur wenn alle Bereiche im Unternehmen (und alle beteiligten Dienstleister) „an einem Strang ziehen", kann sich ein nachhaltiger Erfolg einstellen. Dieser Herausforderung ist sich die Audi AG bewusst und will durch vernetzte Maßnahmen Synergieeffekte erzielen, wenn es darum geht, das Antriebskonzept des Audi quattro der Zielgruppe zu kommunizieren. Die B·T·M Trade Marketing GmbH ist nicht die einzige Agentur, die für Audi Handelsmarketing betreibt. Doch im Endeffekt sollen alle Aktionen, die für Audi konzipiert werden, eng miteinander verzahnt sein und ineinander übergreifen, um einen einheitlichen kommunikativen

Auftritt zu garantieren. Von großer Bedeutung ist die Schaffung einer *unverwechselbaren Identität*, die sich in allen Erscheinungsformen des Unternehmens zeigt. Dies gilt zum einen für die Automobile, zum anderen für die Werbung und die Audi Literatur.

Die Umsetzung der Audi Literatur als ein wesentlicher Baustein des *Corporate Design* nach weltweit einheitlichen Kriterien trägt dazu bei, den Unternehmensauftritt zu definieren und von Wettbewerbern zu unterscheiden. Hierzu hat die Audi AG ein CI-Handbuch herausgegeben, das alle wesentlichen Gestaltungshinweise und Richtlinien bezüglich Logo, Farbwelt etc. enthält und den Agenturen als Arbeitsmittel dient. Die Abbildung 43 vermittelt einen Eindruck davon, wie mit Hilfe von Gestaltungsrichtlinien das Corporate Design von Audi umgesetzt wird und so die Corporate Identity zum Ausdruck kommt.

Das *Audi-Corporate-Design-Programm* wurde vom Audi Marketing in Zusammenarbeit mit Designern und Architekten entwickelt. Die Gestaltungs- und Produktionsvorgaben gelten weltweit, um einen einheitlichen kommunikativen Auftritt für Werbung, Literatur, Geschäftspapiere und Händlerbetriebe zu garantieren.

Zu den Grundelementen des Corporate Design von Audi zählen das Logo, die Schrift und die Farbe. Gerade der „*Audi-Farbwelt*" kommt dabei die Rolle zu, das Unternehmen signalhaft von den Wettbewerbern zu unterscheiden. Farben haben einen hohen Symbolgehalt und verstärken bei Drucksachen (z. B. Anzeigen oder Mailings) die emotionale Wirkung der Kommunikation. Für Audi als innovative Premiummarke muss die Farbwelt *technische Klarheit* mit *emotionaler Wärme* verbinden. Die Basisfarben des Audi Corporate Design – Aluminium, Weiß und Rot – dienen in den Printmedien zur Gliederung der verschiedenen Publikationen nach Zielgruppen und Inhalt.

Die Kundenliteratur zeigt die Farbe *Aluminium* auf den Umschlägen und Briefen. Das Material hat einen hohen symbolischen Wert und verdeutlicht die Kernkompetenz von Audi.

Weiß ist die Kennung des Unternehmens, wenn es um allgemeine Informationen für die Öffentlichkeit beispielsweise im Geschäftsbericht geht.

Die für den internen Gebrauch der Händler bestimmten Broschüren, wie beispielsweise bestimmte Aktionsinformationen, sind in *Rot* gehalten.

Das *Audi-Logo* besteht aus den dreidimensional dargestellten, metallisch wirkenden Ringen und dem roten Audi Schriftzug.

Das *CI-Handbuch* ist die Grundlage, die jeder Gestalter, der für Audi tätig ist, beachten muss, damit die Publikationen in der Art und Weise gestaltet werden, dass die „Audi Welt" unverwechselbar zum Ausdruck kommt.

Audi ist der Hersteller, der in den letzten Jahren sein Image am stärksten entwickelt hat. Mit der neuen und prägnanten *Bildsprache* in der Audi-Werbung und dem „Multipicture-Look" versucht man den Zielpersonen das Fahrgefühl und den Spaß an der Mobilität näher zu bringen.

Abbildung 43: Gestaltungsrichtlinien für das Corporate Design von Audi
Quelle: Audi AG

Für das Jahr 2000 hatte Audi eine Fülle von Aktionen geplant. Diese standen unter anderem unter dem Motto „Audi quattro" und sollten im Rahmen der „20-jährigen Erfolgsgeschichte" dem Kunden die Vorteile und den besonderen Nutzen des permanenten Vierradantriebes näher bringen. Zu den einzelnen *Maßnahmen*, die miteinander vernetzt wurden und so eine verstärkte Wirkung erzielen sollten, zählten beispielsweise:

- Die Einführung des neuen Modells Audi allroad quattro, der Limousinenkomfort mit Geländewageneigenschaften verbindet. Diese Neuheit wurde den Verbrauchern mit Hilfe klassischer Werbung (TV, Print) und einem zentral von Audi gesteuerten Mailing kommuniziert.

- Zudem erfolgte ein vom Hersteller zentral gesteuertes Mailing für den Audi TT quattro. Der Kunde erhielt Informationsmaterial und sollte zum Aufsuchen des Händlers und zu einer Probefahrt motiviert werden.

- Die komplette Produktpalette mit Schwerpunkt Audi quattro stand im Vordergrund der kooperativen Mailing-Aktion Hersteller/Händler, die von der B·T·M Trade Marketing GmbH im Frühjahr 2000 durchgeführt wurde.

- Parallel zur Frühjahrsaktion 2000 startete in der Business Class der Lufthansa eine großangelegte Promotion. In einem Aktionszeitraum von ca. 10 Tagen wurden auf allen Inlandsflügen Audi quattro-Packages verteilt. Somit wurden rund 200 000 Fluggäste erreicht und zu einer Probefahrt eingeladen.

- Der spezielle quattro TV-Spot „Wakeboarder" unterstützt bis heute die Kampagne des permanenten Allradantriebes.

- Die nächste Stufe erfolgte auf Händlerebene, indem Audi den Autohäusern aktionsbezogene Dekorationen zur Verfügung stellte. Die Händler konnten ihren „Show-Room" entsprechend gestalten und beim Hersteller Lamellen, Schauraum-poster, Deckenhänger, Außenfahnen ordern. Mit Hilfe dieser themenspezifischen Dekorationsmaterialien wurden aktuelle Motive aus Mailings und TV aufgegriffen, um die Wiedererkennung bei den Konsumenten zu gewährleisten. Somit wurde vor Ort auf die Aktionen aufmerksam gemacht und der Verbraucher dazu animiert, sich beim Händler über das Produkt zu informieren.

- Damit der Informationstransfer einwandfrei funktioniert, wurden Verkäufer-schulungen von Audi durchgeführt und spezielle Produktinformationen herausgegeben.

Diese konzertierten Aktionen dienen vor allem einer Profilierung der Marke Audi und des quattro-Antriebes. Auf Grund der besonderen Beziehungsstrukturen im Automobil-bereich ist die *Integration* von Hersteller- und Händleraktivitäten in der Kommunikationspolitik deshalb von so großer Bedeutung, weil der Vertragshändler die Schnittstelle zwischen Hersteller und Verbraucher bildet und die Marke im Autohaus repräsentiert. Schließlich spielt sich der Verdrängungswettbewerb beim Händler, am Point of Sale, ab. Hier gilt es erfolgreicher zu sein als die Mitbewerber, um sich langfristig am Markt zu behaupten.

6. Entwicklung der Direktmarketing-Aktion für Audi

6.1. Planung als Grundlage jeder Mailing-Aktion

6.1.1. Systematische Planung von Direktmarketing-Maßnahmen

Direktmarketing sollte nicht als eine Methode des schnellen Erfolges angesehen werden, denn Direktmarketing erfordert eine langfristige Perspektive. Daher müssen entsprechende Maßnahmen *systematisch geplant* und mit den übrigen klassischen Marketing-Instrumenten im Rahmen eines integrierten Marketing abgestimmt werden. Wie jedes andere komplexe Projekt setzt auch eine Direktmarketing-Aktion Organisation und Planung voraus. Bei der Entwicklung laufen viele Prozesse nebeneinander ab, sodass man auf einen *Termin-Aktionsplan* angewiesen ist, der den Ablauf der Kampagne bis ins Detail festlegt. Ein detaillierter Plan ist Grundvoraussetzung, um einen reibungslosen Ablauf zu gewährleisten, und der Schlüssel zum Erfolg jeder Direktmarketing-Aktion. Er beinhaltet alle *Arbeitsschritte* in Abstimmung mit allen daran beteiligten Partnern. Hier sind zudem Aus- und Zwischenfälle zu berücksichtigen und entsprechende Puffer einzubauen, um die Auslieferungstermine einhalten zu können. Viele Unternehmen bedienen sich heute spezieller Direktwerbeunternehmen, die mit externen Dienstleistern arbeiten und einen Full-Service anbieten.

Aufgabe der Planung ist es, unter Berücksichtigung interner und externer Gegebenheiten und Entwicklungstrends *Ziele* zu konkretisieren, Teilziele festzulegen und die zur Zielerreichung geeigneten Maßnahmen und Mittel zu bestimmen. Notwendige Ergänzung der Planung bildet die *Kontrolle*, denn nur wenn ein Unternehmen plant, kann am Ende des Planungszeitraums ein Soll-Ist-Vergleich zur Ermittlung der Planerfüllung durchgeführt werden. Die Kontrolle gibt Auskunft über die Güte der Planung sowie der eingeleiteten Maßnahmen. Zudem liefert die Kontrolle wichtige Daten, die Teil der Informationsbasis für zukünftige Planungsperioden bilden.

Die *B·T·M Trade Marketing* GmbH übernimmt das komplette Handling der Audi quattro Direktmarketing-Aktion. Planung, Konzeption, Adressbeschaffung, Händlerbetreuung, Entwurf und Beschaffung des Incentives, drucktechnische Produktion und Versandarbeiten werden zentral von der Agentur koordiniert. Das Know-How, die Erfahrungswerte aus vergangenen Aktionen und der umfassende Service der Agentur sind für die Audi AG ausschlaggebend. Zudem nimmt die B·T·M mit dem kooperativen Mailing-Konzept und der Integration der Händler eine gewisse Sonderstellung im Markt ein.

6.1.2. Einbindung in die strategische Marketingplanung

Ausgehend von der *strategischen Unternehmensplanung* und der daraus abgeleiteten Marketingplanung ist die Direktmarketing-Planung zu entwickeln und in die Unternehmenspolitik einzubinden. Ziele müssen innerhalb der operativen Marketing-planung heruntergebrochen werden, das heißt die langfristigen Zielsetzungen sind in Zwischenziele für jedes Jahr des Planungshorizontes zu konkretisieren. Mit Hilfe der operativen Planung werden die kurzfristigen Ziele und die zu ihrer Erreichung einzusetzenden konkreten Maßnahmen abgeleitet.

Die strategische Planung ist eine mittel- bis langfristige Planung, die die generellen *Rahmenbedingungen* für unternehmerische Aktivitäten definiert. Es werden langfristige Ziele festgelegt, deren Erreichung einiger Jahre bedarf und die zukünftige Vorgehensweise des Unternehmens festlegt, beispielsweise die Vorgabe einer bestimmten Art der Kundenbetreuung beim Aufbau von Club-Konzepten oder Kundenkontaktprogrammen von Automobilherstellern.

Direktmarketing-Aktivitäten sind im Rahmen der *operativen Planung* festzulegen, da hier konkrete Operationen und Maßnahmen, beispielsweise für eine Mailing-Aktion, aufgestellt werden. Da die langfristige Unternehmensplanung durch das Tagesgeschäft nicht gestört oder behindert werden darf, ist es notwendig, die operative in die strategische Planung einzubinden. Dem operativen Marketing kommt im Automobilbereich eine hohe Bedeutung zu, da das Marktgeschehen in der Automobilbranche sehr stark situativen und häufig nicht vorhersehbaren *Einflüssen* unterworfen ist. So können beispielsweise gesetzgeberische Maßnahmen wie die Erhöhung der Mineralölsteuer, die Verschärfung von Abgasgrenzwerten oder Veränderungen bei der Besteuerung von Kraftfahrzeugen zu erheblichen Verwerfungen im Markt führen, die im Rahmen der strategischen Planung auf Grund der langfristigen Sichtweise nicht vorhersehbar sind. Das operative Marketing übernimmt in diesem Fall die Aufgabe, kurzfristig den Einsatz der Marketing-Instrumente anzupassen, um die langfristigen Unternehmens- und Marketingziele sicherzustellen.

Der Direktmarketing-Planungsprozess wird durch ein *Informations- und ein Steuerungssystem* unterstützt. Hiervon gehen wichtige Impulse für die Planung aus. Das Informationssystem stellt die zur Erarbeitung operativer Maßnahmen erforderlichen Informationen zur Verfügung, während das Steuerungssystem den Planungs- und Realisationsprozess kritisch begleitet. Ein zentrales Element des Steuerungssystems stellt die Erfolgskontrolle dar. Schließlich liegt einer der größten Vorteile einer Direktmarketing-Aktion darin, dass Maßnahmen sofort auf ihre Wirkung hin untersucht werden können.

Der gesamte Planungsprozess besteht aus verschiedenen *Phasen*. Zu diesen zählen die Definition der Ziele, die Ermittlung der Zielgruppen, die Ableitung von Direktmarketing-Maßnahmen und die Realisationsplanung. Das Zusammenspiel der einzelnen Planungsschritte der operativen Direktmarketing-Planung wird in folgender Abbildung 44 dargestellt und im Weiteren anhand des Fallbeispiels Audi quattro verdeutlicht.

Abbildung 44: Direktmarketing-Planungsprozess
Quelle: Kreutzer, 1991, S. 424

6.2. Planungsgrundlagen

6.2.1. Situationsanalyse

Der Ausgangspunkt jedes Planungsprozesses ist die Schaffung einer Informationsbasis in Form einer umfassenden, systematischen *Situationsanalyse*. Diese ist für die strategische Planung von ganz besonderer Bedeutung, da die Entwicklungsmöglichkeiten weitgehend offen sind und die Tragweite der Entscheidungen sehr groß ist. Bei der operativen Planung sind die festgelegten Vorgaben bezüglich der Ziele und Mittel größer, daher ist auf dieser Planungsstufe die erforderliche Situationsanalyse eingeschränkter.

Die hier behandelte Aufgabenstellung, die Entwicklung einer Direktmarketing-Aktion, fällt in den Bereich der operativen Planung.

Die Analyse der Situation auf dem *relevanten Markt* ist auch für die Planung einer Direktmarketing-Aktion von entscheidender Bedeutung. Diese wird im Regelfall von einer Reihe unternehmensexterner und -interner Variablen beschrieben. Zu den *externen* Variablen zählen unter anderem die Wachstumsrate der Branche, die Wettbewerbssituation, das angebotene Produkt und die Entwicklung des Käuferverhaltens. Hinsichtlich der *unternehmensinternen* Variablen sind beispielsweise die eingesetzten Direktmarketing-Instrumente, die Vertriebsstruktur und der Kundenstamm von Bedeutung. Der Situationsanalyse stehen eine Reihe spezieller Denkmodelle der strategischen Diagnose von Instrumenten zur Verfügung, wie beispielsweise die Chancen-Risiken-Analyse, die Stärken-Schwächen-Analyse, die Lebenszyklusanalyse und die Erfahrungskurvenanalyse. Der *Database* kommt als Instrument bei der Situationsanalyse im Direktmarketing eine besondere Bedeutung zu, da die Kundendatenbank als zentrales Informationsinstrument für entsprechende Angebote dient.

Im Hinblick auf die Audi AG und die *quattro-Aktion* führt eine Analyse des Marktes zu folgendem Ergebnis: Der Trend verlagert sich hin zu „lifestyligen", individuelleren Fahrzeugmodellen. Starkes Branchenwachstum findet derzeit vor allem in Nischenmärkten statt. Gemäß einer Marktanalyse von Focus verzeichneten im ersten Halbjahr 1999 Sportwagen, allradgetriebene Straßenfahrzeuge und Geländewagen ein Verkaufsplus von über 30 Prozent (vgl. Focus, 2000).

Das folgende Kreisdiagramm (Abbildung 45) beschreibt die *Wettbewerbssituation* von Audi. Der Konzern nimmt innerhalb des Marktes für allradgetriebene Pkws 22 Prozent Marktanteil ein. Audi verzeichnete somit einen Zuwachs von 5 Prozentpunkten, denn im Jahre 1998 lag der Anteil neuzugelassener Fahrzeuge mit Allradantrieb von Audi noch bei 17,3 Prozent.

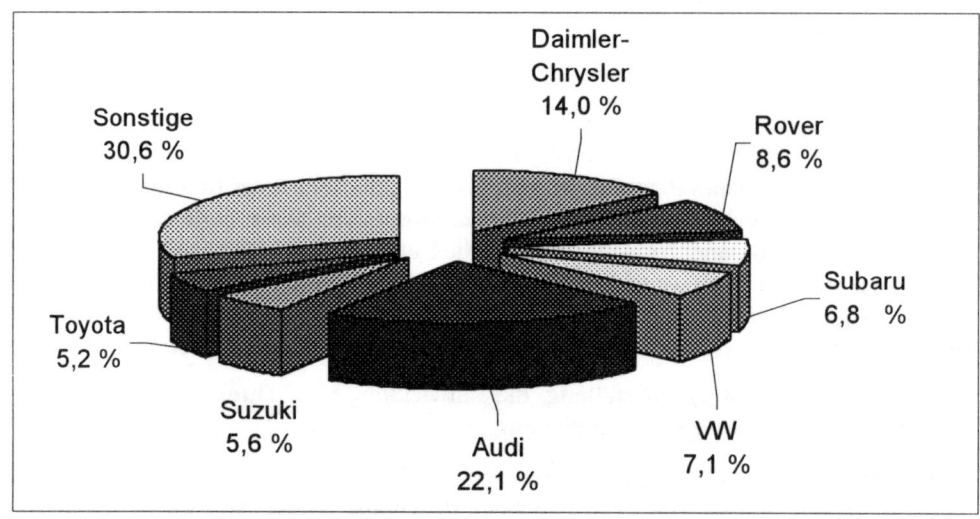

Abbildung 45: Neuzulassungen von fabrikneuen PKWs mit Allradantrieb nach
Herstellern in Deutschland
Quelle: KBA, 1999

Für das Jahr 2000 wünschen sich Autofahrer Vielfalt und Spaß. Ein Drittel aller Käufer
wünscht sich ein Auto, das sich von den normalen Modellen unterscheidet (wie
beispielsweise den Audi allroad quattro). Die Zahlen bestätigen den zunehmenden
Wertewandel der Verbraucher hin zu einer Erlebnis- und *Fun-Orientierung*. Die
Automobilhersteller stellen sich auf diese Situation ein und verabschieden sich von der
reinen Produktpräsentation. Sie transportieren *Image durch Emotionen,* um dem Kunden
eine gewisse Atmosphäre zu verschaffen. Eine Probefahrt mit dem „Objekt der
Begierde" anzubieten, ist ein ideales Instrument, um beim Umworbenen Erlebniswelten
aufzubauen. Laut Audi liefert die *Probefahrt* dem Kaufinteressenten das überzeugende
Motiv für den Kauf eines neuen Fahrzeuges. Dem Verkäufer im Autohaus kommt hierbei
eine Schlüsselrolle zu.

Im Rahmen der Situationsanalyse wird neben dem Produkt (Audi quattro) und seinem
Benefit (Allradantrieb) die hierfür in Frage kommende *Zielgruppe* untersucht.
Schließlich liegt der größte Erfolgsfaktor einer Direktmarketing-Aktion in der Auswahl
der richtigen Zielgruppe und der Darbietung eines Angebotes, das marktreif ist und den
Kunden wichtige Vorteile bringt.

Alle diese gewonnenen Informationen und Kenntnisse aus der Situationsanalyse bilden
die Grundlage für die *Definition von Zielen*, die innerhalb des Aktionszeitraumes
realisiert werden sollen.

6.2.2. Zielsetzung einer Direktmarketing-Aktion

Die mit dem Direktmarketing verfolgten Ziele können vielfältiger Natur sein. Grundsätzlich gilt, an potenzielle oder bestehende Kunden gezielt heranzutreten und ein passendes Angebot zu unterbreiten. Messbar formulierte Ziele sind unabdingbare Voraussetzung für eine effiziente Planung. Je genauer Ziele definiert werden, desto besser können sie ihre Steuerungs- und Kontrollfunktion im Marketing erfüllen. Sind *operationale Ziele* gesetzt, so kann eine systematische Kontrolle erfolgen, und Abweichungen vom angestrebten Entwicklungspfad lassen sich aufdecken.

Grundsätzlich werden mit der Entwicklung von Direktmarketing-Aktionen im Wesentlichen folgende *Ziele* verfolgt:

- Interessentengewinnung

- Kundengewinnung

- Kundenbindung

Der sofortige Verkauf ist nicht unbedingt das Hauptziel des Direktmarketing. Der Aufbau eines *mehrstufigen*, beeinflussenden Dialoges kann im Mittelpunkt des Interesses stehen. Im idealen Fall verläuft diese Kommunikation nicht nur in Richtung vom Anbieter zum Käufer, die Initiative kann durchaus vom Käufer ausgehen. Über den Aufbau solch einer interaktiv gestalteten Beziehung ergibt sich für das Unternehmen ein Nutzen (beispielsweise Informationsnutzen, monetärer Nutzen). Dabei gilt die Nebenbedingung, dass auch der Kunde mit dem Eingehen der Beziehung einen Nutzen anstrebt und erwartet.

Die *Audi* AG verfolgt mit der Mailing-Aktion vielfältige Zielsetzungen für das Marketing, für die Handelsbetriebe und den Vertrieb, die im Folgenden aufgeführt werden (B·T·M Trade Marketing GmbH):

- Frühzeitige Ansprache von Kunden im Kaufentscheidungsprozess für einen Folgekauf

- Markenprofilierung im Wettbewerbsumfeld, insbesondere in der Kauf- und Orientierungsphase

- Bindung der Kunden an die Marke, insbesondere bei den Kunden, bei denen der Kauf länger als vier Jahre zurück liegt

- Gewinnung wichtiger Kundenmeinungen durch Einbindung einer Interessenten-befragung

- Aufbau von Kundenfrequenz für die Autohäuser

- Akquisition von Kunden für einen Neukauf, beispielsweise aus der Gruppe der Gebrauchtwagen- und Service-Kunden

- Gewinnung von Probefahrten mit einem Audi quattro

- Motivation der Kunden zum Kauf eines Aufsteigermodells (step-up)

- Motivation der Verkäufer zur aktiven Vermarktung

- Verkauf von Audi quattro-Sonderausstattung

Die B·T·M Trade Marketing GmbH hat in Absprache mit der Audi AG *operationale Ziele* formuliert. An der Aktion sollen sich ca. 750 Audi Partner beteiligen, die pro Betrieb durchschnittlich 50 Kundenadressen bei ihrer Teilnahme anmelden müssen. Der angestrebte Response liegt bei 66 Prozent, die angestrebten, fest zurechenbaren Verkäufe sollten etwa 5 Prozent ausmachen. Zudem wird eine Erhöhung der quattro-Ausstattungs-quote von mindestens 20 Prozent gefordert. Um diese angestrebten Ziele zu realisieren, ist eine entsprechende Marktsegmentierung und Selektion der Zielgruppe notwendig.

7. Die Selektion von Zielgruppen und Adressen

7.1. Bedeutung der Zielgruppenselektion

Die Ergebnisse von Direktmarketing-Aktionen sind in entscheidendem Maße davon abhängig, inwiefern die *richtigen Personen* angesprochen werden und das unterbreitete Angebot auf die Wünsche der Zielgruppe abgestellt ist. Ausgehend von dem Absatzmarkt und den dort existierenden Zielgruppen muss ein Angebotsprogramm entwickelt werden, das sich an den heterogenen Wünschen, Einstellungen und Ansprüchen der verschiedenen Käufergruppen orientiert. Dies kann nur realisiert werden, wenn das Direktmarketing-Konzept auf der Grundlage der *Marktsegmentierung* entwickelt wird.

Daher ist die Grundvoraussetzung einer erfolgreichen Marktsegmentierung und der darauf aufbauenden segmentspezifischen Direktmarketing-Strategie die Selektion der Zielgruppe mit Hilfe geeigneter Kriterien. Ein *Kriterium* ist um so bedeutender, je enger es mit der tatsächlichen Kaufentscheidung in Zusammenhang steht.

Für einen *Automobilhersteller* sind die Vorstellungen eines Käufers über Komfort, Design, Motorleistung, Service im After-Sales-Bereich und vor allem Informationen über den letzten Kauf eines Pkws und seinen letzten Werkstattbesuch von größerer Bedeutung als etwa dessen Berufszugehörigkeit. Kaufrelevante Merkmale sind oftmals von Produkt zu Produkt verschieden und erfordern meist eine kostspielige Erhebung.

Im operativen Tagesgeschäft des Direktmarketing stellt sich die Frage, welche Zielgruppen für ein bestimmtes Produkt in Betracht kommen. Marktsegmentierung versteht sich hier gleichbedeutend mit der Analyse und *Auswahl von Adressen* aus einer eigenen Kundendatei oder der Anmietung und Auswahl von Fremdadressen von erfahrenen List-Brokern. Die Segmentierung erfolgt hier nach „heißen" und „kalten" Adressen. *Heiße Adressen* sind im eigenen Unternehmen vorhanden beispielsweise aus

Dateien oder Rechnungen. Hier kann bereits eine Abstufung von „lauwarm" (Kunden, die vor Jahren einmal Interesse gezeigt haben) bis „kochend heiß" (Stammkunden) vorgenommen werden. Das Erfolgspotenzial einer Adresse steigt, je „heißer" sie ist.

Bei *kalten Adressen* weiß man nicht, wie die Zielperson zu dem Angebot steht, da diese Adressen aus fremden Quellen beschafft werden. Grundsätzlich erzielen Mailings mit eigenen Adressen bessere Erfolge. Werden Adressen aus externen Quellen eingesetzt, sollten diese zumindest eine ähnliche Struktur wie der eigene Adressenbestand haben.

Trotzdem ist es häufig sinnvoll, seinen hauseigenen Adressenpool mit neuen „frischen" Adressen zu ergänzen. Jedes Unternehmen benötigt jährlich eine bestimmte Anzahl von Neukunden, einerseits um Wachstumsziele zu erreichen und andererseits um Kundenabgänge zu kompensieren. Sollen neue Kunden gewonnen werden, bietet es sich an, Adressen von einem *Adressenverlag* anzumieten.

Bei der Adressmiete stehen einem Unternehmen auf Grund des Datenschutzrechtes nur begrenzte Möglichkeiten der Informationssammlung zur Verfügung. Die Adressverlage suchen daher mit Hilfe des Mikro-Marketing nach anderen Möglichkeiten der Segmentierung. Die gezielte Bearbeitung kleinster Segmente bis hin zum einzelnen Kunden wird für Unternehmen für die Neukundengewinnung in fast allen Branchen immer bedeutender. Daher werden mittlerweile von großen Adressverlagen unterschiedliche Verfahren der *mikrogeografischen Segmentierung* angeboten, die auf einer regionalen Feingliederung beruhen (vgl. Holland, 2000d).

In der Automobilbranche erfolgt eine Generierung von Adressen zudem häufig über *Gewinnspielaktionen*, beispielsweise bei einem „Tag der offenen Tür", bei Produktneuvorstellungen oder Messen (z. B. IAA, Genfer Automobilsalon).

7.2. Zielgruppenselektion für die Aktion

Eine genaue *Definition der Zielgruppe* für die gezielte Ansprache ist Voraussetzung für einen größtmöglichen Erfolg, einen effizienten Mitteleinsatz und ein nachvollziehbares Handling eines Mailings. Auch der Erfolg der Audi quattro Probefahrtaktion hängt stark von der Qualität der angeschriebenen Adressen ab. Audi hat sich, in Absprache mit der B·T·M Trade Marketing GmbH für folgende Vorgehensweise der *Adressengenerierung* entschlossen:

- Selektion der Adressen aus NeWaDa Jahrgang 1993 bis einschließlich 1997 nach dem Kriterium „letzter Neuwagenkauf", die um die Teilnehmer der Probefahrt-aktion mit Navigation bereinigt sind. NeWaDa heißt *Neuwagendatei* und ist das auf Großhandelsebene vorhandene Neuwagen-Dispositions- und Abwicklungssystem der Marken VW, Audi und Nutzfahrzeuge. Mit dem System werden die unterschiedlichsten Funktionen ermöglicht, wie beispielsweise die Erfassung und Steuerung von Neuwagenbestellungen und somit die Sammlung von Kunden-, Fahrzeug-, und Auslieferungsdaten, Änderung und Stornierung von Neuwagenbestellungen, Verwaltung der kompletten Händlerorganisation, Verwaltung von Lagerbeständen.

- Ungestützte *Adressenauflistung* der Händler: Die Verkäufer melden Adressen von den Personen, denen sie in den nächsten sechs bis neun Monaten einen Audi verkaufen möchten. Dazu gehören Interessenten der letzten Monate, Persönlichkeiten des öffentlichen Lebens (z. B. Bürgermeister, VIPs etc.), Multiplikatoren (z. B. Vorsitzende des Tennis- oder Golfclubs), Mitglieder der angestrebten Zielgruppe (z. B. Ärzte, Rechtsanwälte, sonstige Freiberufler, Unternehmer aller Art).

- Aufbereitung der *händlereigenen Kundendatenbank*: Der Händler hat die Möglichkeit, per Diskette oder per E-Mail einen Auszug seiner eigenen Datenbank an die Audi Aktionszentrale zu senden. Die Datenbank wird dann nach festgelegten Kriterien selektiert und bereinigt. Diese Aktionsadressen-Datenbank dient als Basis zur weiteren Adressenselektion.

Die *Integration der Händler* in den Vorgang der Adressengenerierung ist besonders wichtig, da durch die Datenverarbeitung nur ein Teil der Adressen selektiert werden kann. Ein anderer bedeutender Teil kann nur mit Hilfe sogenannter „Soft-Faktoren" durch den Verkäufer erreicht werden, da die Kundendatei der Händler begrenzt ist.

Die Auswahl aus der *Kundendatei der Händler* beinhaltet meist nur fahrzeugbezogene Kriterien wie alle Fahrzeuge, die

- älter als drei Jahre sind

- über einen Leasingvertrag finanziert werden, der in sechs Monaten ausläuft

- innerhalb der nächsten sechs Monate zur HU müssen

- mehr als 20.000 km Jahreslaufleistung haben

- innerhalb eines bestimmten Zeitraumes nicht mehr beim Händler waren

Die Kundendatei der Händler beinhaltet aber in der Regel keine *personenbezogenen* Kriterien zur Auswahl wie alle Kunden, die

- Dienstwagen fahren

- Flottenverantwortliche sind

- im Außendienst tätig oder Handelsvertreter sind

- VIP-Kunden sind

- Geschäftsführer ortsansässiger Firmen sind

- selbstständige Unternehmer sind

- oder freiberuflich tätig und häufig unterwegs sind.

Daher ist eine Ergänzung der Adressenliste durch die Verkäufer sehr wichtig. Dadurch, dass vorwiegend diejenigen Kunden das Mailing erhalten, die nach Einschätzung des Händlers mit großer Wahrscheinlichkeit begonnen haben, über den Kauf eines Neuwagens nachzudenken, können Streuverluste minimiert und Kosten gesenkt werden. Die *händlereigenen Adressen* haben einen hohen Stellenwert und sollten in ihrer Bedeutung nicht unterschätzt werden.

Für den Handel liegt in seinen Kundendatensätzen ein erhebliches *Absatzpotenzial*, wenn man bedenkt, dass jeder Betrieb auf eine Kundendatenbank von durchschnittlich 4200 Einzeladressen zurückgreifen kann, die er sich in den Jahren aufgebaut hat und zur gezielten Kundengewinnung bis heute meist ungenutzt blieb. In einer Händlerbefragung unter allen beteiligten Audi Partnern der Herbstaktion 1999 wurde der Adressenbestand jedes Einzelnen erhoben und zeigte das in Abbildung 46 zusammengefasste Ergebnis.

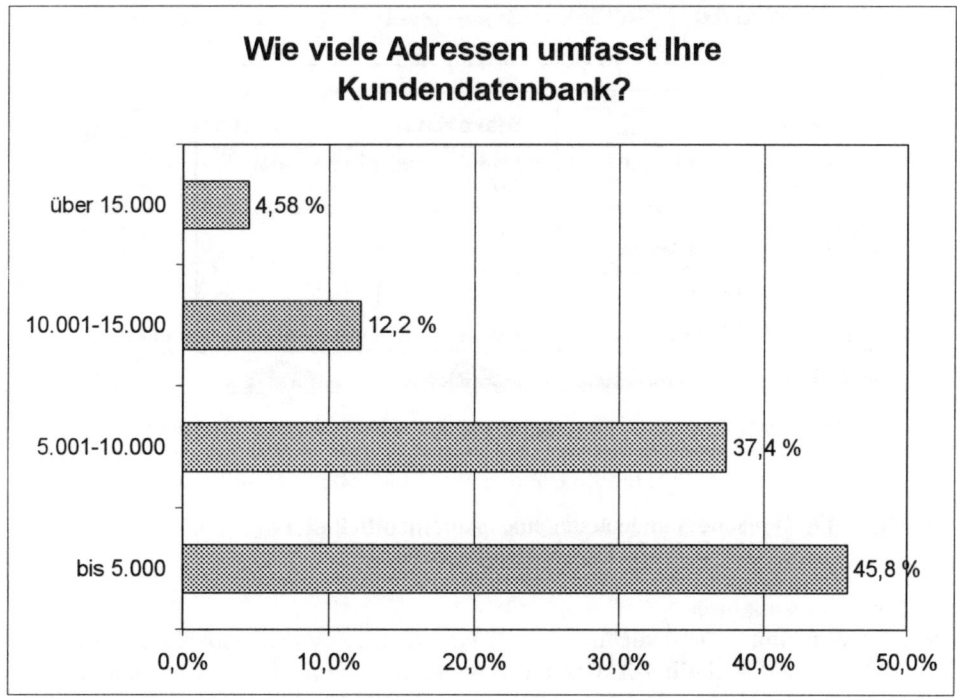

Abbildung 46: Adressen im Handel
               Quelle: B·T·M Trade Marketing GmbH

Die Audi Partner verfügen somit über einen großen Bestand an Kundenadressen, bei denen ein hohes Potenzial für den Neuwagen- und Gebrauchtwagenverkauf vermutet werden kann. Ein Schaubild, welches die *typische Kundenkartei* eines Automobilhändlers darstellt, ist Abbildung 47 zu finden.

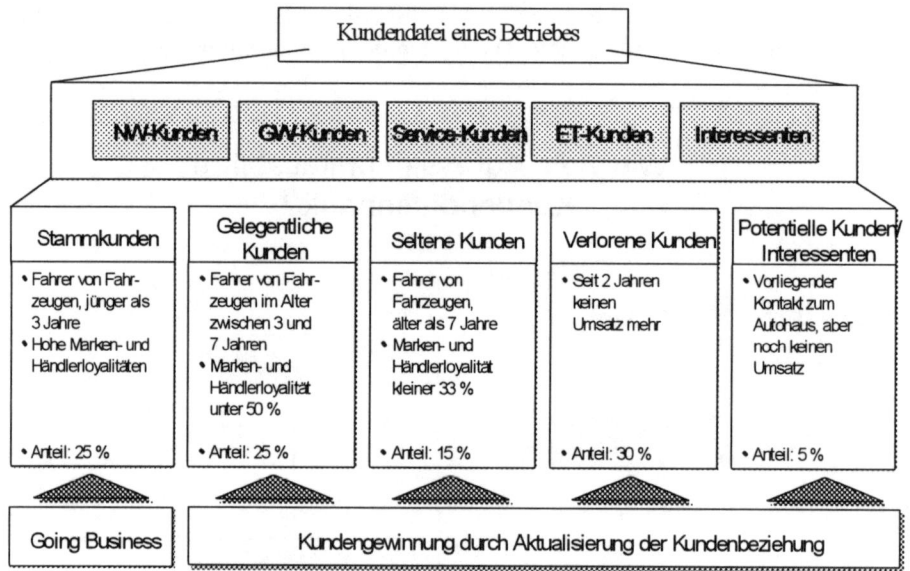

Abbildung 47: Typische Kundendatei eines Automobilhändlers
        Quelle: B·T·M Trade Marketing GmbH

Die Verwendung ausschließlich *autohauseigener Kundenadressen* war das Erfolgskriterium der Mailing-Aktion mit Navigationssystem. Auch bei der Audi quattro-Aktion 2000 wird hiermit das Ziel verfolgt, potenzielle Käufer anzusprechen, verlorene Kunden zurück zu gewinnen und neue Interessenten zu akquirieren. Um dies zu erreichen, muss ein ausdrucksstarkes Mailing konzipiert werden, welches das Interesse der Zielpersonen weckt. Dies ist Aufgabe der Maßnahmenplanung.

8. Die Maßnahmenplanung für das Direktmarketing

8.1. Das Kreativkonzept des Mailings

Auf Basis der definierten Ziele und der Selektion der Zielgruppe werden nun in dieser Planungsphase die einzelnen *Instrumente des Direktmarketing* konkret ausgestaltet. Beispielsweise sind für den Einsatz von Telefon-Marketing Leitfäden zu erarbeiten, Verkaufsförderungs-Programme zur kurzfristigen Umsatzsteigerung müssen erstellt werden, für TV-Response-Spots sind Layouts zu gestalten oder für Mailing-Aktionen sind kreative Konzepte auszuarbeiten. Je exakter Ziele und Zielgruppen definiert sind, desto einfacher ist die Auswahl der zu belegenden Medien.

Auch die Erstellung eines *Database-Konzeptes* ist zu berücksichtigen, um ein entsprechendes Dialog-Marketing zu gestalten. Bereits an dieser Stelle sind die Voraussetzungen für eine spätere *Erfolgskontrolle* zu schaffen, indem beispielsweise das Werbemittel mit einem Code versehen wird, damit später die Möglichkeit zu Tests gegeben ist. Gerade bei mehrstufigen Aktionen sollten alle Einzelmaßnahmen „aus einem Guss" geplant werden, um sie später zu einem geschlossenen Konzept zusammen zu führen. Zu diesem Zeitpunkt sind bereits alle *Follow-up*-Maßnahmen konzeptionell auszuarbeiten, um später in der Realisationsphase keinen Zeitverzug zu erleiden. Basierend auf den abgeleiteten Direktmarketing-Maßnahmen sollte bereits eine Kalkulation der geplanten Aktivitäten erfolgen.

Audi hat auch für die quattro-Probefahrtaktion auf das vertraute Konzept des *Mailings* mit zweiteiligem Incentive zurück gegriffen. Daher bleibt das gelernte und erfolgversprechende Grundkonzept des Mailings mit der Händler- und Verkäufer-Individualisierung unverändert. Mit der Nutzung aller Erfolgskriterien für die Konzeption der Frühjahrsaktion 2000 wurde der erneute Einsatz einer *Uhr mit Zwei-Komponenten-Mechanik* geplant.

Das Mailing soll dem Kunden eine persönliche *Exklusivität* signalisieren und ihn mit Hilfe eines einzigartigen Incentives zu einem Autohausbesuch einladen. Die Verarbeitung von hochwertigsten Materialien entspricht der Positionierung der Marke Audi und dem Anspruch der Kunden an die Produkte. Da das Mailing sehr aufmerksamkeitsstark ist, kann ein hoher Rücklauf erwartet werden. Es informiert den Kunden mit ansprechenden Bildern und Texten über den diesjährigen Themenschwerpunkt: 20 Jahre quattro-Antriebstechnik.

Absender der Mailings sind die jeweiligen Audi Partner, die durch den exklusiven Auftritt bei ihren Kunden besonders in Erscheinung treten sollen. Der Versand der Mailings wird von einer zentralen Stelle aus gesteuert, der Audi Aktionszentrale.

Bei der kreativen Umsetzung des Mailings muss die *Grundbotschaft von Audi* - Vorsprung durch Technik, Vorsprung durch Design - den verschiedenen Zielgruppen der Audi-Fahrer näher gebracht werden. Anhand des Kreativ-Briefings bestehen auf Grund der festgelegten Kriterien *vier Anforderungen*, die das Mailing erfüllen muss. Ziel ist eine ausgewogene Komposition aus allen vier Komponenten:

- **Kreativität**

  Aufmerksamkeitsstarkes Mailing mit Beachtung der Corporate Identity von Audi, Zusatznutzen für den Kunden herausstellen, USP, kein Faltmechanismus

- **Emotionalität**

  Der Verkäufer als kompetenter Ansprechpartner, Audi ist Design, der Kunde bekommt etwas Schönes, Wertvolles geschenkt, Lifestyle: gutes Leben, schöne Menschen

- **Technik**

  Aufnahme des Uhrenarmbandes, Integration der Visitenkarte des Verkäufers, Einstecken der Broschüre

- **Information**

  Anschreiben mit einer Einladung zu einer Probefahrt, Booklet mit Darstellung der Fahrzeuge, hochgradige Personalisierung durch die Integration des Verkäufers

Das Mailing zielt darauf ab, dem Kunden die Uhr als *hochwertiges Schmuckstück* zu präsentieren. Das aluminiumfarbene Kästchen klappt wie eine Collier-Schatulle nach oben auf. Die Verarbeitung von hochwertigen Materialien soll auf das Autohaus und den Verkäufer aufmerksam machen und beim Kunden Interesse an einem Audi quattro wecken.

Abbildung 48 zeigt eine grafische Darstellung des Mailings mit den einzelnen Komponenten. Die Individualisierung des Mailings erfolgt über eine *Visitenkarte* des zuständigen Verkäufers und seiner Unterschrift (Faksimile) auf dem personalisierten Anschreiben. Ein Muster einer händlerindividualisierten Visitenkarte ist in Abbildung 49 abgebildet (B·T·M Trade Marketing GmbH).

Abbildung 50 zeigt den Brieftext, der auf metallisch (Aluminium) glänzendes Papier gedruckt ist.

Abbildung 48: Komponenten des Mailings

Abbildung 49: Händlerindividualisierte Visitenkarte

Holland Consulting
Herrn Prof.Dr. Heiner Holland
Sunsweilerstr. 6

55299 Nackenheim

Juni 2000

Sehr geehrter Herr Prof.Dr. Holland,

DER LEGENDE ...
Anfang der 80er Jahre hinterließ der legendäre Audi Quattro im
Rallye-Sport innovative, wegweisende Spuren. Viele Jahre war
er das überlegene Fahrzeug seiner Klasse.

... IN NEUEN GEWÄNDERN ...
Zwanzig Jahre ist es her, dass sich Audi den Namen quattro® für
seinen permanenten Allradantrieb schützen ließ. Seither wurde
diese Technik, in der Audi schon immer als Vorreiter galt, weiter
optimiert. Konzipiert für noch mehr Sicherheit, Leistung und
Fahrspaß.

... AUF DER SPUR.
Wir möchten Sie einladen, eines der neuen Audi Modelle mit
permanentem Allradantrieb quattro® zu fahren. Folgen Sie
den Spuren einer Legende. Erleben Sie mehr Sportlichkeit, mehr
Dynamik, mehr Sicherheit - auch im alltäglichen Straßenverkehr.

Der Name Audi steht nicht nur für Vorsprung durch Technik,
sondern auch für innovative Design-Philosophie. Bringen Sie
deshalb bitte bei Ihrem Besuch das Armband der Audi quattro®
Uhr mit. Und den beigefügten Fragebogen, denn Ihre Meinung
ist für uns Richtwert.

Mit freundlichen Grüßen

Werner Ries

Abbildung 50: Brieftext

8.2. Aufmachung und Handling des Incentives

Das *Incentive*, die Audi-Zwei-Komponenten-Uhr, wird zur Verstärkung der Aufmerksamkeit des Kunden und zur Erhöhung der Kundenfrequenz für die Händler erneut als Zwei-Komponenten-Element eingesetzt.

- **Erste Komponente:**

  Die Kunden erhalten mit dem Mail nur das *lederne Armband* inklusive Uhren-Korpus aus Edelstahl und eine Einladung zur Probefahrt.

- **Zweite Komponente:**

  Das *passende Laufwerk* im Chronographen-Design zur Komplettierung der Uhr liegt nicht dem Mailing bei, sondern wird persönlich vom Audi-Partner als kleines Dankeschön für die durchgeführte Probefahrt und der anschließenden Teilnahme an der Marktforschung (Fragebogen im Mailing) übergeben.

Das zweiteilige Incentive löst beim Kunden einen verstärkten *Handlungsanreiz* aus, eine Probefahrt durchzuführen, wodurch die Responsequoten erheblich gesteigert werden können.

Die Übergabe des Laufwerkes findet in einer kleinen *Präsentbox* statt. Die Art und Ausführung sowie die verwendeten Materialien entsprechen dem Mailing und sollen erneut beim Kunden das positive Gefühl des Mailings hervorrufen. Den Laufwerkspräsenter und die Zwei-Komponenten-Uhr zeigen die Abbildungen 51 und 52 (B·T·M Trade Marketing GmbH).

Jedes Autohaus erhält zur Bedienung jener Kunden, die ein Armband erhalten haben, die Anzahl an Laufwerken im Verhältnis zum geplanten Response in einer attraktiven Geschenkbox. Wurden beispielsweise mit Absender eines Audi-Partners 80 Mailings versendet, so erhält das Autohaus 53 Laufwerke. Sollten angeschriebene Kunden auf das Mailing nicht reagiert haben, so kann der Response durch telefonisches, aktives *Nachfassen* der Verkäufer erheblich gesteigert werden. Auch hierfür ist besonders vorteilhaft, dass der Verkäufer namentlich auftritt und persönliche Kontakte zum Kunden pflegt.

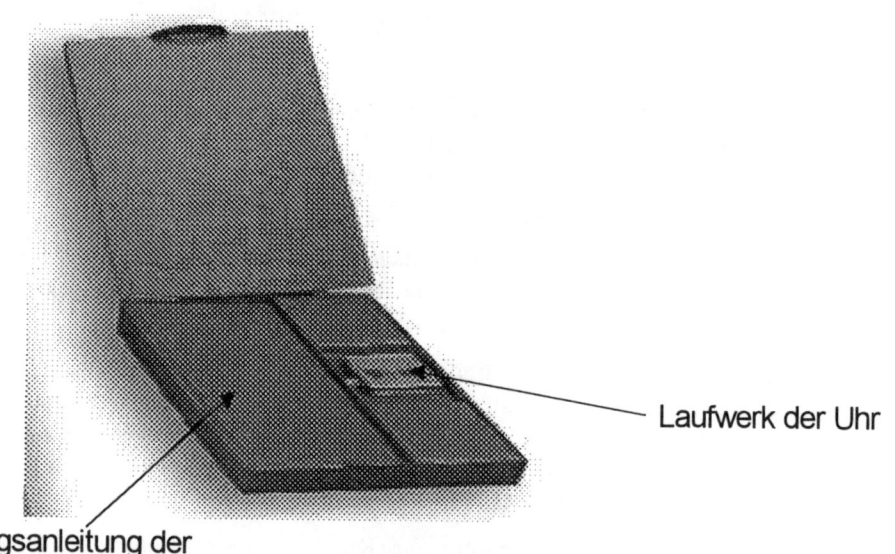

Laufwerk der Uhr

Bedienungsanleitung der
Uhr

Abbildung 51: Laufwerkspräsenter

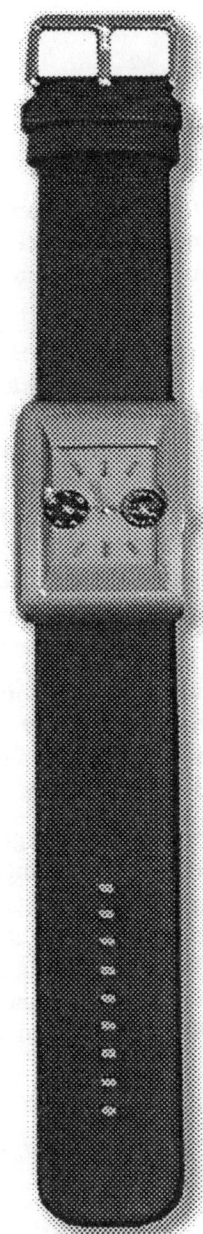

Abbildung 52: Zwei-Komponenten-Uhr

9. Die Realisationsplanung

9.1. Aufstellen eines Zeit- und Ablaufplanes

Die Realisationsplanung hat die Aufgabe, für einen zügigen und reibungsfreien Ablauf der gesamten Direktmarketing-Aktion zu sorgen. Kernstück der Realisationsplanung ist daher ein exakter *Zeitplan*, der den Ablauf der einzelnen Arbeitsschritte der Aktion fixiert.

Zudem werden die zu der Abwicklung notwendigen *Ressourcen* ermittelt. Dies betrifft beispielsweise die Adressenbereitstellung, die Entwicklung und Produktion der Werbemittel, die Erfassung der Reaktionen und die Abwicklung des Follow-Up. Bezüglich der Zielplanung sind bereits vor der Versendung von Mailings die angebotenen Informationsmaterialien in entsprechender Menge zu fertigen. Eine schlechte Planung erkennt man daran, dass ein Interessent oder Kunde länger als sieben oder gar zehn Tage auf eine Reaktion warten muss. Liegen keine Erfahrungswerte hinsichtlich der Responsequote vor, so sollten Anzeigen oder Mailings zeitversetzt im Markt platziert werden, um eine Verzögerung bei der Bearbeitung der Rückläufe zu vermeiden.

Die Mailing-Aktion von Audi bedarf einer besonders sorgfältigen Planung, da die *Händlerintegration* ein hohes Maß an organisatorischem Aufwand mit sich bringt. Hierzu ist es notwendig, einen exakten Termin-Aktionsplan aufzustellen, um alle Stufen zu koordinieren und zeitliche Verzögerungen zu vermeiden.

Der Zeitplan für die *Audi* quattro Mailing-Aktion untergliedert sich in die Phasen Vorbereitung, Umsetzung und Aktionszeitraum. Insgesamt erfordert das Projekt auf Grund der Händlerintegration einen *Planungszeitraum* von gut einem Jahr. Zudem ist die Phase der Erfolgskontrolle am Ende der Probefahrtaktion noch nicht im Zeitplan bedacht. Auch der Aufbau der Audi-Aktionszentrale und die Einbindung der Audi-Bezirksleiter verlangen nach einer verstärkten Koordination, die im Ablaufplan berücksichtigt werden muss. Der genaue Zeitplan und eine detaillierte Vorgehensweise ist in Abbildung 53 ersichtlich.

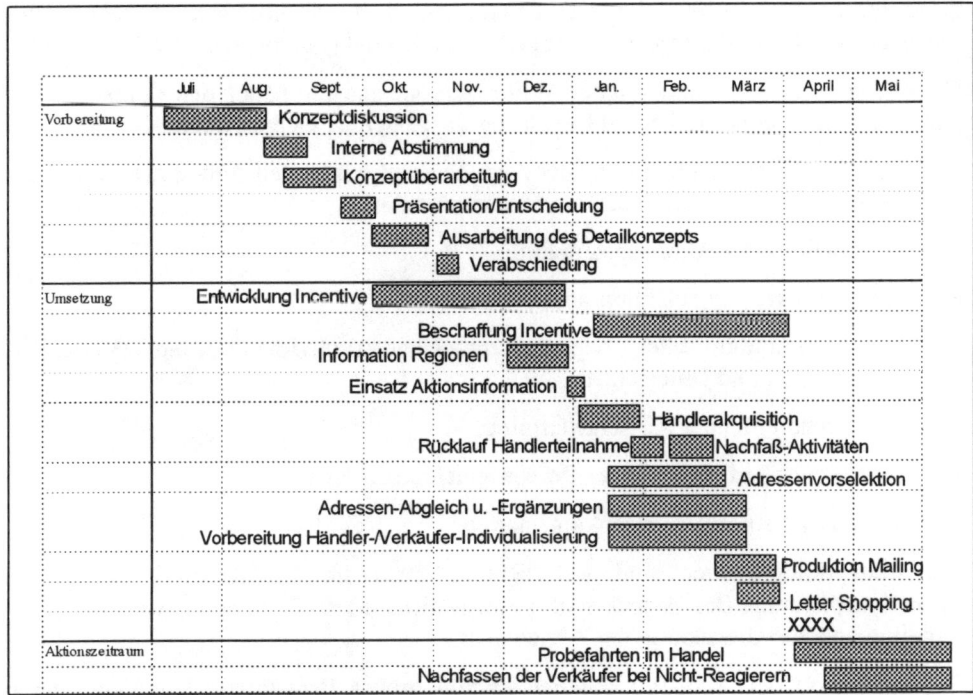

Abbildung 53: Detaillierter Zeitplan
      Quelle: B·T·M Trade Marketing

9.2. Die Aufgaben der Audi-Aktionszentrale und der Bezirksleiter

Die *Audi-Vertriebsstruktur* besteht aus acht Regionen. Jede Region wird von einem regionalen Vertriebsleiter geführt, der von einer Marketingberaterin von Audi unterstützt wird (Audi Vertriebsbetreuungsgesellschaft mbH). Zu jeder Region gehört eine gewisse Anzahl von Bezirksleitern, die durchschnittlich eine Anzahl von 20 bis 30 Autohäusern zu betreuen haben.

Aus dem Zeitplan für die hier dargestellte Aktion wird ersichtlich, dass die Kooperation mit den Autohausunternehmern einen erhöhten *Koordinationsaufwand* bereitet. Für den Informationstransfer zu den Händlern sorgen Mitarbeiter der Audi-Aktionszentrale. Diese übernehmen eine wichtige Funktion hinsichtlich der Organisation und Durchführung. Die Aktionsberater sind Angestellte der B·T·M Trade Marketing GmbH in Wiesbaden und dienen als Schnittstelle zu den Audi-Partnern und Bezirksleitern. Sie

147

haben ihren Sitz im Hause der B·T·M und stehen in Form eines Call-Centers für alle spezifischen Fragen und Probleme zur laufenden Frühjahrsaktion 2000 zur Verfügung.

Die *Aktionsberater* arbeiten von der Aktionszentrale aus und halten den Kontakt zu den Audi-Marketingberaterinnen und Bezirksleitern. Zudem zählen zu ihren Aufgaben:

- die Information und Schulung der Audi-Verkäufer über den Ablauf der Aktion und die Funktionsweise der Incentive-Mechanik,

- die Erfassung der Aktionsbeteiligung,

- Adressenabgleich, -selektion und -erfassung,

- die Abstimmung aller Schritte zur Händlerindividualisierung (Verkäufer-Visitenkarten und Unterschrift),

- die Ankündigung der Aussendetermine,

- die telefonische Erfassung der Responsemeldungen und

- die Führung einer Aktionsdokumentation.

Die Audi-Aktionsberater sind seit Februar 2000 im Einsatz und stehen den Handelspartnern und Bezirksleitern über eine Hotline jederzeit zur Seite, wenn es um das Handling und die Abwicklung der Aktion geht.

Die Integration der Audi-*Bezirksleiter* ist von großer Bedeutung, denn ohne deren Unterstützung ist die Aktion im Handel nicht umsetzbar. In der Vergangenheit hat es sich bewährt, die Audi-Bezirksleiter einzubinden, ohne sie mit administrativen Aufgaben zu belasten. Allein ihre „Fürsprache" bei den Händlern sichert eine hohe Aktionsteilnahme. Schließlich genießen die Bezirksleiter ein großes Vertrauen und haben einen intensiven Kontakt zum Handel. Die Audi-Bezirksleiter können vor Ort Unterstützung bieten und bei besonderen Fachfragen auf den Service der Aktionszentrale verweisen. Eine rechtzeitige Information der Bezirksleiter bewirkt eine gewisse Motivation bei den Händlern, sich proaktiv für die Teilnahme an der Aktion einzusetzen.

Die Bezirksleiter übernehmen zudem die Aufgabe, die teilnehmenden Audi-Partner für ihre Region anzumelden und sich um die spätere Adressengenerierung zu kümmern. Sie müssen sicherstellen, dass alle teilnehmenden *Händler* genügend Vorführwagen mit quattro-Antrieb einstellen und in jedem Autohaus ein Ansprechpartner im gesamten Zeitraum für die Umsetzung der Aktion verantwortlich ist. Die Zusammenarbeit der Audi-Aktionszentrale und der Bezirksleiter bezüglich der Händlerakquisition verdeutlicht die Abbildung 54 über den Ablauf der Aktion. Es ist für Audi von großer Bedeutung, viele Händler zu einer Teilnahme zu bewegen, um eine umfassende regionale Abdeckung zu erreichen. Zudem beteiligen sich die Händler finanziell an der Aktion. Für jede Adresse, die im Namen des Handelspartners angeschrieben wird, ist eine Schutzgebühr von 10 DM an Audi zu entrichten.

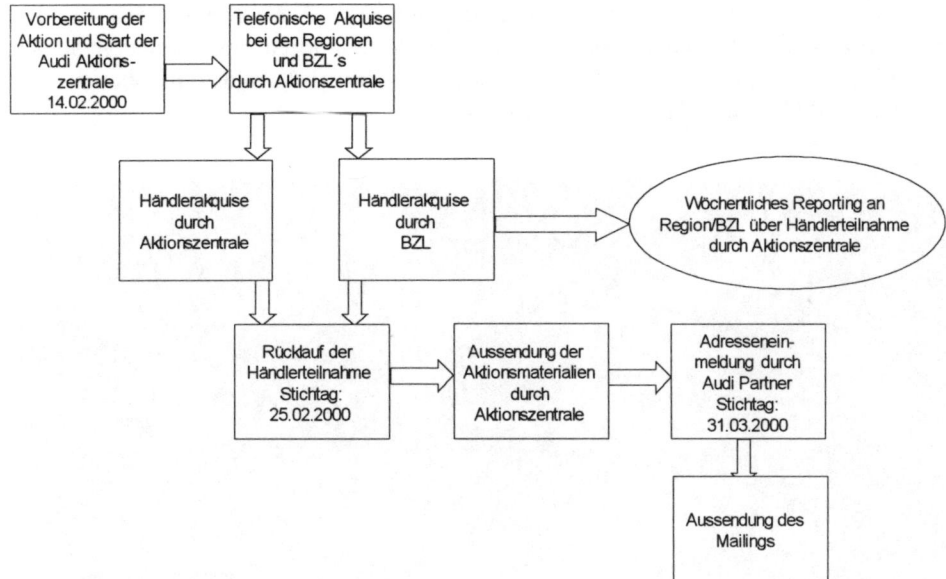

Abbildung 54: Ablauf der Aktion

Um die *Autohäuser* von den Vorteilen der Aktion zu überzeugen und zur Teilnahme zu motivieren, wünschte sich die Audi AG einen aufmerksamkeitsstarken Auftritt im Handel mit einem konzeptnahen Incentive. Dies erfolgte in Form einer *US-Mailbox*, die mit allen aktionsrelevanten Informationen bestückt den Händlern zugesandt wurde. Diese kann später im Autohaus als attraktiver Blickfang, etwa als Mailbox für Kundenwünsche, genutzt werden. Die Verbindung Mailing und Briefkasten war naheliegend und sollte die Autohausunternehmer für die geplante Direct-Mail-Aktion gewinnen. Eine Abbildung der Mailbox ist in Abbildung 55 zu finden.

Zur Information der teilnehmenden Händler verteilen die Bezirksleiter persönlich eine *Aktions- und eine Probefahrtinformation*, die von der Audi AG herausgegeben wird und wichtige Fakten und Eckdaten der Aktion enthält.

Die *Aktionsinformation* ist ein Medium, das dem Händler die gesamte Aktion verdeutlichen soll. Sie behandelt folgende Themenschwerpunkte: Einführung in das Thema, Beschreibung des Mailings und der Komponenten, Beschreibung der Zwei-Komponenten-Uhr, Beschreibung der Audi-Aktionszentrale und deren Aufgaben, Überblick über den Ablauf der Aktion und über den Zeitplan. Die Basis des Erfolges der gesamten Aktion liegt in einer perfekten Probefahrt.

Die *Probefahrtinformation* hat das Ziel, den Verkaufsberater zu sensibilisieren, sein „Know-How" aufzufrischen und ihm zu helfen, eine hohe Qualität und Professionalität bei der Probefahrt zu gewährleisten. Zu den Inhalten der 28-seitigen Probefahrt-

149

information zählen die Erörterung der Bedeutung einer Probefahrt für den Kunden, Erläuterungen zu technischen Zusammenhängen (Allradantrieb) und Bedienelementen, Empfehlung einer Probefahrt-Route 1/3 Stadt, 1/3 Land, 1/3 Autobahn, Übergabe des Incentives und Gesprächsführung im Anschluss.

Abbildung 55: Mailbox

Die *Durchführung und Koordination* einer kooperativen Mailing-Aktion bringt einen hohen organisatorischen Abwicklungsaufwand mit sich. Dieser wird im konkreten Fall mit Hilfe der Audi-Aktionszentrale gut umgesetzt. Hier erfolgt ein ständiger Informationsfluss zwischen Agentur und Autohäusern. Die Audi-Partner und Bezirksleiter finden in den Aktionsberatern kompetente Ansprechpartner. Diese stehen ständig mit der zuständigen *Projektleiterin* der B·T·M in Verbindung, um bei Problemen oder zeitlichen Verzögerungen rechtzeitig reagieren zu können; schließlich ist sie für die Koordination und das gesamte Handling der Aktion verantwortlich. Sie kümmert sich auch um die Abstimmung und Bereitstellung aller benötigten Materialien (beispielsweise des Incentives) und überwacht stets das Timing. Der exakte Zeitplan ist in Folge der Händlerintegration genau einzuhalten, da sich die Autohausunternehmer auf den Aktionszeitraum einstellen und eventuell eigens für die Probefahrtaktion Vorführwagen mit Vierradantrieb in Ingolstadt bestellen.

9.3. Einbindung von Spezialisten zur Realisation

9.3.1. Externe Dienstleister

Um einen reibungslosen Ablauf der Aktion sicherzustellen, müssen die erforderlichen *Ressourcen* frühzeitig bereit gestellt werden. Verfügt ein Unternehmen nicht über genügend eigene Ressourcen und ist deren Aufbau auch langfristig nicht wirtschaftlich sinnvoll, so können *Dienstleister* engagiert werden, um bestimmte Arbeitsschritte des Gesamtkonzeptes zu übernehmen. Da die Abwicklung solcher komplexer Direktmarketing-Aktionen ein hohes Maß an Spezial-Know-How und aufwändige Technologien erfordert (Lithografien, Lettershop), bedienen sich immer mehr Unternehmen sogenannter *Full-Service-Agenturen*, die die komplette Realisations- planung übernehmen. Jeder einzelne Schritt erfordert ein Höchstmaß an Professionalität. Diese Aufgaben sollten nur dann vom eigenen Unternehmen übernommen werden, wenn entsprechend ausgebildetes, erfahrenes Personal zur Verfügung steht. Ziel der Realisationsplanung ist es, dafür zu sorgen, dass auf jeder Stufe der Aktion Spezialisten eingeschaltet sind.

Ein Werbemittel zu produzieren, erfordert die Erfahrung unterschiedlichster Ansprech- partner. Daher erfolgt nun eine Aufstellung und eine kurze Beschreibung der Tätigkeiten der wichtigsten Dienstleister, die für die Entwicklung und Produktion eines Mailings in Anspruch genommen werden. Dieser Vorgang wird erst theoretisch und dann am Fallbeispiel Audi quattro erläutert.

9.3.2. Der Konzeptioner, Texter, Grafiker

Diese Spezialisten entwerfen nach Vorgaben des Auftraggebers das Mailing. In einer Agentur übernimmt meist ein *Kontakter* die Funktion für den Informationstransfer vom Kunden zu den „Kreativen". Es entsteht das Textmanuskript und das Layout. Danach erfolgt die Reinzeichnung und ein exakter Aufriss des entwickelten Werbemittels. In der Reinzeichnung sind Farbigkeit, Formate und Raster genau festgelegt, um nach diesen Vorgaben die Druckvorlagen zu erstellen.

Audi hat konkrete Vorgaben hinsichtlich Farbwelt, Raster, Typografie, Satzspiegel und Bildern. Diese Gestaltungsrichtlinien sind im *CI-Handbuch* von Audi festgelegt und dienen den Grafikern und Textern als verbindliches Arbeitsmittel, um das Corporate Design von Audi umzusetzen.

Texte werden zum einen in der Agentur verfasst, zum anderen bedient man sich der Hilfe externer Texter. Die grafische Gestaltung des *Layouts* und die Reinzeichnung werden komplett intern erstellt. Fertige Texte gehen später in ein Lektorat, um eine einwandfreie Rechtschreibung und Grammatik zu gewährleisten. Vor der Freigabe durch Audi wird noch einmal das Layout geprüft, da in dieser Phase noch Korrekturen vorgenommen werden können. Zudem wird eine *Rechtsabteilung* zu Rate gezogen, um jegliche juristische Bedenken auszuräumen.

9.3.3. Der Fotograf

Der Fotograf benötigt ein ausführliches *Fotobriefing*. Vor dem eigentlichen Fototermin müssen bereits alle Details der gewünschten Fotos feststehen. Oftmals wird dem Fotografen im Vorfeld ein schriftliches Fotobriefing in Form von Layouts mit Zusatzangaben vorgelegt.

In vielen Fällen wird für ein bestimmtes Projekt nicht eigens fotografiert. Audi verfügt über eine eigene *Media-Database* im Internet. Auf diese können alle Agenturen zugreifen, die für Audi tätig sind. Außerdem besteht die Möglichkeit, aus Bild-Datenbanken bestimmte Fotos zu entnehmen (beispielsweise „Bavaria", „The Stock Market", „Image Bank" usw.). Diese Bilder werden in Katalogen veröffentlicht und stehen zum Verkauf. Der Preis bestimmt sich nach der Auflage des Mailings und der Größe des Bildes. Beispielsweise könnten für das Booklet des Audi quattro Bilder von Serpentinen und hügeligen Landschaften verwandt werden, um dem Leser den Fahrkomfort und Spaß des Vierradantriebes näher zu bringen.

9.3.4. Der Produktioner

Der *Werbemittel-Produktioner* ist eine wichtige Person im Realisationsprozess. Er berät die Grafiker und Texter hinsichtlich der Realisierbarkeit entworfener Konzepte und muss kostengünstige Wege finden, das Mailing zu produzieren. Er ist meist ein Fachmann für Satz-, Lithografie-, und Drucktechnik, kennt alle Möglichkeiten der Personalisierung und koordiniert und kontrolliert die Zusammenarbeit mit den „Weiterverarbeitern".

Die Produktioner der B·T·M haben ebenfalls die Aufgabe, bei *Druckereien* Angebote einzuholen und zu vergleichen. Parallel werden von der Audi-Einkaufsabteilung Druckereien angeschrieben und Preise angefragt. Für das konkrete Projekt hat sich Audi auf Empfehlung der B·T·M für eine Wörrstädter Druckerei entschieden. Diese war bereits an der vorjährigen Aktion zum Thema „Navigation" beteiligt und verfügt über gewisse Erfahrungswerte, auf die Audi nicht verzichten und zudem Synergieeffekte nutzen wollte.

9.3.5. Die Satz- und Lithografieanstalt

Hier werden die *Druckvorlagen* oder Filme erstellt, Textmanuskripte gesetzt und für die elektronische Weiterverarbeitung vorbereitet. Im Anschluss werden Bilder, Flächen-Elemente und Texte zusammengefügt. Im Zeitalter der Computertechnologie werden Texte bereits auf CD-ROM geliefert und müssen in der Setzerei nicht nochmals erfasst werden. Soll das Mailing im Vierfarbendruck oder mit zusätzlichen Spezialfarben gestaltet werden, muss eine *Lithografieanstalt* beauftragt werden. Dort werden alle farbigen Elemente in die vier Grundfarben Cyan, Magenta, Yellow, Black und Zusatzfarben zerlegt und auf vier oder mehr Filme reproduziert. Die Druckvorlage des Werbemittels im Vierfarbendruck hat dann passgenau je einen Blau-, Rot-, Gelb- und Schwarzfilm.

Audi verfügt auf Grund der Spezialfarben der „Audi-Welt" über eine eigene Vertragslithografieanstalt. Diese erhält die fertigen Grafik- und Textmanuskripte von der Agentur, um gegebenenfalls Korrekturen vorzunehmen. Der Produktioner steht immer mit dieser in Verbindung und kümmert sich später um den zeitgerechten Datentransfer von der Lithografieanstalt zur Druckerei.

9.3.6. Die Druckerei

Im Mailing-Bereich kommt heute auf Grund der besseren Personalisierungsmöglichkeit meist der *Rollenoffsetdruck* (Endlosdruck) zur Anwendung. Dadurch, dass modernste Druck-, Personalisierungs- und Weiterverarbeitungs-Einheiten miteinander gekoppelt werden, können im Endlos-Offset-Druck komplette Mailings inklusive Perforieren, Kleben oder Falzen in einem Arbeitsgang gefertigt werden.

Die B·T·M liefert alle wichtigen benötigten Angaben und Materialien, das heißt die Druckerei erhält den kompletten Adressenbestand, der für die Personalisierung der Anschreiben benötigt wird, die Unterschriften der Verkäufer der Autohäuser, um die händlerindividualisierten Visitenkarten zu fertigen und die freigegebenen Druckvorlagen für das Booklet.

9.3.7. Der Lettershop

Viele Druckereien verfügen über einen eigenen Lettershop und das damit verbundene Know-How, das Mailing *postfertig* zu machen. In dieser letzten Station wird das Mailing komplettiert. Der Brief und die Responseteile werden mit den richtigen Adressen beschriftet, kuvertiert und zur Post gegeben.

Auch im beschriebenen Fallbeispiel übernimmt die Wörrstädter Druckerei zusätzlich die Aufgaben eines *Lettershops*. Das Mailing-Package wird dort komplett mit personalisiertem Anschreiben, persönlicher Visitenkarte der Autohausunternehmer, informativem Booklet, Fragebogen zur Probefahrt und dem Uhrenkorpus der Zwei-Komponenten-Uhr bestückt und zum Versand gebracht.

Das Mailing soll so kostengünstig wie möglich die Zielpersonen erreichen. Die sogenannte *Infopost* ist eine besonders preiswerte Sendungsart des Briefdienstes. Diese Sendungen müssen grundsätzlich das gleiche Format haben und inhaltsgleich sein, was Anzahl und Beschaffenheit der Schriftstücke angeht. Damit das Mailing dem Kunden eine besondere Exklusivität symbolisiert, werden *Briefmarken* statt des eingedruckten Freivermerkes (Posthorn) verwandt. Allerdings ist für dieses Verfahren eine Genehmigung von der Ober-Post-Direktion einzuholen. Um einen günstigeren Tarif zu erhalten, verlangt die Post zudem eine Vorsortierung nach Postleitzahl und Zustellpostamt, die ebenfalls in der Druckerei erfolgt. Somit kann ein weiterer Vorteil erreicht werden, denn das Kuvert wirkt auf die Zielpersonen wertvoller, da es einen höheren Frankierwert trägt, als Audi dafür bezahlen musste.

Die Druckerei übernimmt im konkreten Fall eine wichtige Funktion. Da die Händler mit Visitenkarte und Ansprechpartner integriert sind, bedarf die *Konfektionierung* einer erhöhten Aufmerksamkeit. Jeder Händler meldet eine Adressenliste mit den jeweils zuständigen Verkäufern im Autohaus an. Es wäre ein grober Fehler, wenn ein Kunde ein Mailing mit einer vertauschten Visitenkarte, mit falscher Unterschrift oder mit dem falschen Autohaus als Absender erhalten würde. Um solchen Pannen vorzubeugen, sind die Audi-Aktionsberater während des Lettershoppings und der Konfektionierung vor Ort, um einerseits die Mitarbeiter der Druckerei zu unterstützen und andererseits für eine ständige Kontrolle zu sorgen. Sie stehen zudem in ständigem Kontakt mit der zuständigen Projektleiterin, um eine reibungslose und plangerechte Auslieferung der Mailings zu gewährleisten.

10. Erfolgskontrolle

10.1. Systematische Erfolgskontrolle

Nach Abschluss der Aktion muss eine *Erfolgsauswertung* vorgenommen werden. Direktmarketing bietet auf Grund des Einsatzes responsefähiger Medien wie Coupons, Telefonnummern oder E-Mail-Adressen alle Voraussetzungen für eine effiziente Erfolgskontrolle. Kann der Rücklauf auf eine Aktion unmittelbar kontrolliert werden, erhält man zum einen Aussagen zu vergangenen Direktmarketing-Aktionen und zum anderen dienen die Ergebnisse als Hilfsmittel für die Steuerung und Planung zukünftiger Aktivitäten. Der kontrollierbare Erfolg führt zu einer exakten *Kalkulierbarkeit* im Direktmarketing, indem alle angefallenen Kosten den Ergebnissen gegenüber gestellt werden. Somit erfährt man, was es kostet, einen Interessenten zu gewinnen oder ein Produkt mit dieser Methode zu verkaufen.

Die entscheidende Größenordnung ist der erwartete Rücklauf oder die *Responsequote*. Die Rentabilitätsschwelle sagt aus, wie viele Reaktionen auf eine Kampagne eingehen müssen, um ein positives Ergebnis zu erzielen. Bei dieser Berechnungsmethode erhält ein Unternehmen zudem erste Hinweise darauf, welche Kosten eine Aktion verursachen darf. Der *Break-Even-Point* ist erreicht, sobald ein konkret festgelegter Werbekostensatz unterschritten ist. Diese Berechnungsmethode ist universell einsetzbar und gilt für alle Branchen – auch für die Automobilwirtschaft.

10.2. Ermittlung der Responsequote der Audi-Aktion

Die Ermittlung der Responsequote einer Direktmarketing-Aktion ist mit relativ geringem Aufwand möglich. Sie gibt die Anzahl der Kundenreaktionen im Verhältnis zur Anzahl der Marketingkontakte an (Aussendemenge eines Mailings).

Die *Responsequote* wird folgendermaßen errechnet:

$$\frac{\text{Anzahl der Kundenreaktionen x 100}}{\text{Anzahl der Marketingkontakte}}$$

Der Vorteil liegt darin, dass die regelmäßige Kontrolle des Rücklaufes frühzeitig auf die Erfolgswirksamkeit von Maßnahmen hinweist. Allerdings kann mit der Ermittlung der Responsequote keine finanzielle Wertung bezüglich der Höhe, Dauerhaftigkeit und *Profitabilität* der generierten Umsätze getroffen werden. Zudem ist eine längerfristige Erfassung der Erfolgswirkungen nicht möglich, beispielsweise die Steigerung des Kundenwerts durch Kundenbindungsmaßnahmen.

Im Hinblick auf die *Audi* quattro Direktmarketing-Aktion wurden etwa sechs Wochen nach der Aussendung des Mailings in der 30. und 31. Kalenderwoche die ersten Reaktionsquoten gemessen.

Um eine erste Aussage über die Kampagne zu treffen, wurde hierfür eine *Stichprobe* von 227 Autohäusern nach dem Zufallsprinzip gezogen. Diese soll repräsentativ für alle 758 beteiligten Händler die Reaktionen der angeschriebenen Zielpersonen widerspiegeln. Die zuständigen Verkäufer wurden mit Hilfe eines Fragebogens von den Mitarbeitern der Audi-Aktionszentrale befragt. Hier ging es unter anderem um die Meinung der Händler zu der Aktion, die Resonanz der Kunden auf das Mailing und die Audi-Zwei-Komponenten-Uhr, die durchgeführten Probefahrten und die bisherige Verkaufsquote. Das Ergebnis zeigt die Abbildung 56.

Befragte Betriebe	**227**	
Versandte Mailings	20.828	
./. Rückläufer	478	
	20.350	
Reaktionen auf das Mailing	8.351	41,04 %
Ausgabe Uhrenlaufwerke	8.422	41,39 %
Durchgeführte Probefahrten	3.527	17,33 %
Voraussichtliche Probefahrten	2.073	10,19 %
Verkauf von Fahrzeugen	122	0,60 %
Davon mit Allrad Antriebstechnik	38	31,15 %

Abbildung 56: Reaktionsquoten auf das Mailing

Die dargestellten Ergebnisse zeigen den Erfolg der Aktion. Für die 227 beteiligten Autohäuser wurden insgesamt 20 828 Mailing-Packages versandt. Für eine genaue Berechnung müssen die 478 Rückläufer berücksichtigt werden, womit 20 350 Mailings in die Betrachtung eingehen.

Bisher haben 8 351 Kunden reagiert. Dieser Wert bezieht sich auf *positive Reaktionen* (Interesse) der angeschriebenen Kunden auf das Mailing, entweder telefonisch oder persönlich im Autohaus im Hinblick auf eine Probefahrt. Die *Responsequote* liegt hiermit bei 41,0 Prozent. Das Incentive, die Audi-Zwei-Komponenten-Uhr, ist bei den Kunden sehr gut angekommen. 41,4 Prozent und somit 8 422 Kunden haben den Händler aufgesucht, um die Uhr zu komplettieren. Es wurden bisher innerhalb der befragten Betriebe 3 527 Probefahrten durchgeführt, was einem Anteil von 17,3 Prozent entspricht. Zudem gaben die Autoverkäufer in der Befragung an, mit 2 073 weiteren Kunden voraussichtlich eine Probefahrt durchzuführen. Die Quote der in nächster Zeit *anstehenden Probefahrten* liegt somit bei 10,2 Prozent. Was den *Fahrzeugabsatz* innerhalb des Aktionszeitraumes betrifft, konnten bisher auf Grund des Mailings 122 Automobile verkauft werden, darauf entfielen 31,2 Prozent auf Pkws mit quattro Antriebstechnik.

10.3. Beurteilung anhand der operational formulierten Ziele

Bereits nach dieser kurzen Phase ist eine hohe Reaktionsquote der Zielpersonen erkennbar. Um die Aktion abschließend zu beurteilen, müssen die der Kampagne zu grunde liegenden *Ziele* herangezogen werden.

Die Erfolgsfaktoren der kooperativen Mailing-Aktion tragen im Wesentlichen dazu bei, die vielfältigen Zielsetzungen der Audi AG für das Marketing, die Autohäuser und den Vertrieb zu erfüllen. Diese sind nicht operationalisierbar und daher schwer zu bewerten, doch es lässt sich erkennen, dass die angestrebten *Ziele* wie eine frühzeitige Ansprache im Kaufentscheidungsprozess, Markenprofilierung, Kundenbindung, Gewinnung von Probefahrten mit einem Audi quattro etc. mit Hilfe der Mailing-Aktion weitgehend erreicht werden.

Die Forderung nach einer *Beteiligung* von ca. 750 Audi Partnern wurde bei 758 teilnehmenden Händlern erfüllt. Zudem wurde gefordert, dass pro Betrieb eine Mindestanzahl von 50 Adressen gemeldet werden müssen. Es wurden ungefähr 74 000 Mailings bei einer Teilnahme von 758 Betrieben verschickt. Dies zeigt die hohe Beteiligung und Akzeptanz bei den Handelspartnern, denn durchschnittlich wurden 97 Adressen pro Autohaus angeschrieben. Die angestrebte *Responsequote* von 66 Prozent ist noch nicht erreicht, auch die fest zurechenbaren *Verkäufe* liegen mit 0,6 Prozent noch deutlich unter den geforderten 5 Prozent. Allerdings liegt hier der Anteil an Pkws mit Audi quattro Allradantriebstechnik bei über 30 Prozent, und die Aktion ist noch nicht abgeschlossen.

Die hier ermittelten Responsequoten sind zwar innerhalb eines Aktionszeitraumes von sechs Wochen schon sehr hoch, doch bei kritischer Beurteilung im Hinblick auf die Zielsetzung noch nicht ganz zufriedenstellend. Dies könnte damit zusammenhängen, dass der Versand des Mailings in die *Hauptferienzeit* gefallen ist, in der sich viele der angeschriebenen Kunden im Urlaub befanden. Daher kann sich die Reaktionsquote in nächster Zeit noch deutlich verbessern. In der Händlerbefragung gaben 82,6 Prozent der Autoverkäufer an, bei den Kunden, die das Mail erhalten haben und noch nicht reagiert haben, zwischen der 34. und 36. Kalenderwoche telefonisch *nachfassen* zu wollen. Hier ist von großer Bedeutung, dass der Händler einen persönlichen Kontakt zum Kunden pflegt. Nach Aussage von Herrn Brand, dem Geschäftsführer der B·T·M Trade Marketing GmbH, erhöht sich erfahrungsgemäß die Responsequote um 30 - 50 Prozent durch telefonisches Nachfassen der Automobilverkäufer.

Somit kann in nächster Zeit noch mit einer deutlichen Steigerung der Reaktionsquote gerechnet werden. Gerade in der Automobilbranche zieht sich der *Kaufentscheidungsprozess* über einen langen Zeitraum hinweg, und der Käufer durchlebt verschiedene Phasen. Man kann davon ausgehen, dass noch Wochen später Kunden auf Grund des Mailings das Autohaus aufsuchen und eine Probefahrt machen. Auch Kunden, die von der Probefahrt begeistert waren, können sich vielleicht noch nicht gleich zum Kauf entschließen, da der Erwerb eines Automobils schließlich mit einem hohen finanziellen Aufwand verbunden ist. Im Gegensatz hierzu haben geringwertige Produkte oder Güter, die einen Impulskauf auslösen, in der Regel hohe Reaktionsquoten, die innerhalb eines sehr kurzen Zeitraumes eingehen.

11. Schlussfolgerungen

11.1. Erfolgsfaktoren der kooperativen Mailing-Aktion

Ein entscheidender Erfolgsfaktor liegt in der integrierten Gesamtheit eines Mailings. Wie bei einem Automobil die Karosserie, das Fahrwerk und die Motorleistung aufeinander abgestimmt sein müssen, ist für das Mailing der Inhalt, die Form und die Harmonie aller Elemente von großer Bedeutung. Der Erfolg oder Misserfolg einer Kampagne ist wesentlich von drei Faktoren abhängig: der Zielgruppe, dem Angebot und dem Werbemittel. Die *Zielgruppe*, das heißt die selektierten Adressen und die Strategie, diese zu erreichen, hat für den Erfolg eine Gewichtung von 60 Prozent und mehr. Das *Angebot* kann mit 25 Prozent bewertet werden, und die *Gestaltung* des Werbemittels ist mit den verbleibenden 15 Prozent anzusetzen.

Zu den wesentlichen *Erfolgsfaktoren* der Audi quattro-Aktion zählen zudem unter anderem die Personalisierung und direkte Ansprache der Zielpersonen, die Selektion der Zielgruppe und Auswahl der Adressen aus dem Handel, die aufmerksamkeitsstarke Gestaltung des Mailings, das Incentive, das dem Kunden eine hohe Wertschätzung signalisiert, und vor allem die Integration der Autohausunternehmer. All diese Faktoren tragen dazu bei, die vielfältigen Zielsetzungen, die die Audi AG verfolgt, zu erfüllen.

Die *Personalisierung* ist ein wichtiges Selektionskriterium für den Empfänger. Er empfindet personalisierte Post als besonders wichtig. Zudem kann nur auf Grund der Personalisierung gezielt bei den Kunden nachgefasst und die Responsequote deutlich gesteigert werden. Für den Erfolg einer Direktmarketing-Aktion ist eine *Selektion der Zielgruppe* unabdingbare Voraussetzung. Es gilt, dem Kunden ein maßgeschneidertes Angebot zu unterbreiten, das auf seine Bedürfnisse zugeschnitten ist. Dadurch, dass die Verkäufer der einzelnen Autohäuser nur die Kundenadressen anmelden, bei denen eine hohe Wahrscheinlichkeit für den Kauf eines Automobils mit permanentem Allradantrieb besteht, können Streuverluste minimiert und Kosten gesenkt werden.

Die *Integration der Verkäufer* in den Prozess der Adressengenerierung ist für den konkreten Fall von nicht zu unterschätzender Bedeutung, denn die Audi AG hat auf Grund interner Regelungen nicht die Möglichkeit, Adressen über einen Adressbroker zu beziehen und diese postalisch zuzuordnen. Die Grundlage hierfür ist das sogenannte Gleichbehandlungsprinzip, das eine eindeutige Gebietsabgrenzung und -zuordnung der Handelspartner vorsieht. Der strategische Vorteil besteht somit in der Integration der Autohäuser, die die Adressen nach vorgegebenen Kriterien selektieren und eigens für die Aktion anmelden, womit dieses Problem umgangen wird.

Die *Gestaltung des Mailings* ist ebenfalls ein wichtiger Faktor, um die Aufmerksamkeit des Empfängers zu gewinnen. Das Mailing repräsentiert von außen die Marke Audi und weckt durch das ungewöhnliche Format und die hochwertigen Materialien das Interesse der Zielpersonen. Wird das Package geöffnet, tritt der Audi-Partner und der zuständige

Autoverkäufer in den Vordergrund. Besteht bereits eine persönliche Beziehung zwischen Empfänger und Verkäufer, kann dies für die Reaktion des Angeschriebenen ausschlaggebend sein. Im Gegensatz zu zentral gesteuerten Mailings des Herstellers ohne Einbezug der Autohändler ist hier die psychologische Distanz zum Kunden sehr gering. Die Hemmschwelle, den Verkäufer im Autohaus aufzusuchen und eine Probefahrt zu machen, wird eher abgebaut als bei reinen Image-Mailings des Herstellers.

Dem *Incentive* kommt ebenfalls eine große Bedeutung zu. Die Ergebnisse der Händlerbefragung bestätigen die Wirkung der Audi-Zwei-Komponenten-Uhr auf die Kunden. Es wurden mehr als doppelt so viele Uhrenlaufwerke an Kunden ausgegeben wie Probefahrten durchgeführt wurden. Das Incentive dient somit zum einen der Steigerung der Kundenfrequenz in den Autohäusern, zum anderen der Kundenbindung, auch wenn sich nicht jede Zielperson sofort zu einer Probefahrt entscheidet.

Eine Direktmarketing-Aktion in *Kooperation zwischen Herstellern und Händlern* in der Automobilbranche bietet Erfolgspotenziale, die bisher in der Praxis noch weitgehend ungenutzt bleiben. Ein Grund hierfür liegt mit Sicherheit in den bereits angesprochenen Zielkonflikten zwischen den Handelspartnern. Genzow berichtete in „Autohaus-online" über den schlechten Umgang zwischen Herstellern und Händlern besonders in der Automobilwirtschaft. Deren Beziehung hat sich in den Jahren grundlegend geändert und resultiert aus einer mangelnden Solidarität der Partner (vgl. Autohaus, 2000).

Zudem ist eine solche kooperative Aktion mit einem hohen organisatorischen *Koordinations- und Abwicklungsaufwand* verbunden. Sind die einzelnen Maßnahmen nicht optimal aufeinander abgestimmt und fehlt es an der detaillierten Planung, können solche Aktionen bereits an der Umsetzung scheitern. Der Erfolg eines solchen Mailings ist somit auch in entscheidendem Maße von der Leistung und Erfahrung der beauftragten Agentur abhängig.

11.2. Fazit und Ausblick für das kommende Jahr

Nach Aussage der Projektleiterin der Audi-Probefahrtaktion quattro 2000 ist die Audi AG mit der bisherigen Entwicklung der Aktion sehr zufrieden.

Die Erfolgskontrolle zeigt, dass jeder Kontakt zur Zielperson einen hochwertigen, qualifizierten *Kundenkontakt* darstellt, der mit Hilfe einer durchgeführten Probefahrt für den Kunden zum Produkterlebnis wird. Im Hinblick auf die große Bedeutung der Kundenbindung in der Automobilbranche ist dieser Faktor von hoher Relevanz. Unter dem Gesichtspunkt der dauerhaften *Kundenbindung* und einer individuellen werblichen Kundenansprache ist eine konsequente Orientierung an den Bedürfnissen der Zielpersonen unabdingbare Voraussetzung für den Erfolg eines Unternehmens. Gerade in der Automobilbranche ist es auf Grund der Wettbewerbssituation notwendig, dass sich die Automobilunternehmen im Wettbewerbsumfeld profilieren und von den Konkurrenten differenzieren, um dauerhaft am Markt erfolgreich zu sein. Mit Hilfe eines professionell geplanten Direktmarketing-Konzeptes kann im Automobilsektor die Lücke zwischen der anonymen Massenkommunikation des Herstellers und des persönlichen Verkaufes im Autohaus geschlossen werden. Durch die Integration der Handelspartner dringt die „Botschaft" direkt zum Kunden und wird durch die Pflege persönlicher Beziehungen zwischen den Kunden und Verkäufern noch wirksamer.

Das Fallbeispiel der Direktmarketing-Aktion für Audi quattro zeigt, dass der eingeschlagene Weg der richtige ist. Der Erfolg der *Audi-Zwei-Komponenten-Uhr* wird durch die Tatsache bestätigt, dass die Uhren bereits unter „Audi-Fans" eine Rarität darstellen. Sie werden auf Flohmärkten angeboten und sogar im Internet versteigert. Da diese Form des kooperativen Mailing-Konzeptes erneut so erfolgreich war, soll dieses Projekt in nächster Zeit internationalisiert werden und auch im Ausland Anwendung finden. Der Konzern will sich auch in Zukunft verstärkt vom Massenmarketing entfernen, mit dem Fokus auf hochwertige Mailings, die zwar teurer sind, aber im Endeffekt die Kundenbindung erhöhen und bessere Ergebnisse erzielen.

Daher ist für das kommende Jahr 2001 bereits eine neue *Mailing-Aktion* geplant. Die Audi AG will an den Erfolg der vergangenen Jahre anknüpfen, wenn es erneut darum geht, in Kooperation mit den Handelspartnern einen ausgewählten Empfängerkreis individuell und gezielt anzusprechen.

Literaturverzeichnis

AUDI AG (Hrsg.) (2000), www.audi.de, 27.04.2000

AUTOHAUS (Hrsg.) (2000), www.autohaus-online.de, 10.08.2000

BLOCK, A. (1999), Direct Marketing zur Unterstützung des Kaufentscheidungs-prozesses bei der Neuprodukteinführung – gezeigt anhand der Automobilindustrie, Bamberg 1999

BRUHN, M. (1995), Die Rolle der Nicht-Klassiker in der integrierten Unternehmens-kommunikation, in: TOMCZAK, T., MÜLLER, F., MÜLLER, R. (Hrsg.), Die Nicht-Klassiker der Unternehmenskommunikation, St. Gallen 1995

BRUHN, M. (1997), Kommunikationspolitik, München 1997

DALLMER, H. (Hrsg.) (1991), Handbuch Direct-Marketing, 6. Aufl., Wiesbaden 1991

DALLMER, H. (Hrsg.) (1997), Handbuch Direct-Marketing, 7. Aufl., Wiesbaden 1997

DEUTSCHE POST AG (Hrsg.) (1997), Direktmarketing und Kundenbindungsmanagement, Bonn 1997

DEUTSCHE POST AG (Hrsg.) (1999), Direkt Marketing Monitor-Direktmarketing Deutschland 1999, Studie 10, S. 15

DIEZ, W. (1996), Das Handbuch des Automobilmarketing, 2. Aufl., Landsberg am Lech 1996

DIEZ, W. (1999), Prozessoptimierung im Automobilvertrieb, Auf dem Weg zu einem integrierten Kunden- und Kostenmanagement, Wiesbaden 1999

FOCUS (Hrsg.) (2000), www.focus.de, 15.05.2000

GFK (Hrsg.) (2000), www.gfk.de, 27.04.2000

HOLLAND, H. (1992), Mehrstufige Direktmarketing-Aktionen, in: Response, 3. Jg., Heft November 1992, S. 42 f.

HOLLAND, H. (1993), Direktmarketing, München 1993

HOLLAND, H., MECHLER, M. (1998), Kundenkarten im stationären Handel, Teil 1, in: Response, Heft September 1998, S. 10–13

HOLLAND, H., HEEG, S. (1998), Erfolgreiche Strategien für die Kundenbindung, Von der Automobilbranche lernen, Wiesbaden 1998

HOLLAND, H. (1999), Die Stichprobengüte, in: PEPELS, W. (Hrsg.), Moderne Marktforschungs-Praxis, Kriftel 1999, S. 61–75

HOLLAND, H. (2000 a), Direktmarketing I, in: AHSEN, A. V., HOLLAND, H., Marketing-Schnittstellen, Band 12, Köln 2000, S. 207–219.

HOLLAND, H. (2000 b), Direktmarketing II, in: AHSEN, A. V., HOLLAND, H., Marketing-Schnittstellen, Band 12, Köln 2000, S. 221–236.

HOLLAND, H. (2000 c), Database-Marketing I, in: AHSEN, A. V., HOLLAND, H., Marketing-Schnittstellen, Band 12, Köln 2000, S. 237–248.

HOLLAND, H. (2000d), Mikrogeographische Segmentierung, in: PEPELS, W. (Hrsg.), Marktsegmentierung, Heidelberg 2000, S. 127–143

HOLLAND, H. (2001a), Markt und Kunde, in: MAESS, T., MISTELI, J. M., GÜNTHER, K. (Hrsg.), Das Unternehmer Jahrbuch 2001, Neuwied, Kriftel 2001, S. 51–90.

HOLLAND, H. (2001b), Customer Relationship Management, Wiesbaden 2001

KEHL, R. (2000), Systematische Erfolgskontrolle, in: Direkt Marketing, 2/2000, S. 14–16

KRECHTING, M. J. (1998), Internationales Versandhandels-Marketing, München 1998

KREUTZER, R. T. (1991), Planung – Erfolgsbedingung im Direct – Marketing, in: DALLMER, H. (Hrsg.), Handbuch Direct Marketing, 6. Aufl., Wiesbaden 1991

KREUTZER, R. T. (1999), Speedmarketing –Neue Faktoren entscheiden über Erfolg und Mißerfolg, in: Response, 11.Jg. 1999, S. 9–11

LINK, J., HILDEBRAND, V. (1993), Database Marketing und Computer Aided Selling, München 1993

OTTO VERSAND (1998), Geschäftsbericht, Hamburg 1998

PEPELS, W. (Hrsg.) (1999), Moderne Marktforschungs-Praxis, Kriftel 1999, S. 61–75

VDA (Hrsg.) (2000), www.presseintern.vda.de, 27.04.2000

VÖGELE, S. (1996), Dialogmethode – DasVerkaufsgespräch per Brief und Antwortkarte, 9. Aufl., Landsberg am Lech 1996

ZAW (Hrsg.) (2000), www.zaw.de, 20.06.2000

ZORN, D. (1997), Integrierte Kommunikation – Grundlagen und zukünftige Entwicklung, in: Handbuch Direct-Marketing, DALLMER, H. (Hrsg.), 7. Aufl., Wiesbaden 1997, S. 53–67

Der Autor

Prof. Dr. Heinrich Holland lehrt an der Fachhochschule Mainz Direkt- und Handelsmarketing, Statistik und Wirtschaftsmathematik. Seine Schwerpunkte sind Direktmarketing und Customer Relationship Management.

Er ist stellvertretender Akademieleiter und Studienleiter an der Deutschen Direktmarketing Akademie (DDA) Düsseldorf, Member of the Board des European Center of Database Marketing (ECDM) Amsterdam und hat einen Lehrauftrag an der European Business School (EBS). An den Direktmarketing Centern der Deutschen Post AG hält er Seminare speziell für mittelständische Unternehmen.

Er hat bereits 10 Bücher und über 100 Aufsätze überwiegend zu Themen des Direktmarketing veröffentlicht und berät namhafte Unternehmen.